MASSIMILIANO POLI

BED & BREAKFAST DI SUCCESSO

Come Avviare e Gestire un B&B con Eccellenti Risultati

Titolo

"BED & BREAKFAST DI SUCCESSO"

Autore

Massimiliano Poli

Editore

Bruno Editore

Sito internet

http://www.brunoeditore.it

Sommario

Introduzione

Questo ebook è stato scritto con un duplice scopo. Il primo è quello di aiutare tutte quelle persone desiderose di avviare un bed and breakfast, che, purtroppo, per paura di sbagliare o per mancanza di competenza in materia, abbandonano l'idea. Il secondo fine è senza dubbio quello di favorire quelle persone che gestiscono già un bed and breakfast ma sono insoddisfatte dei risultati. Magari perché non riescono a ottimizzare il tempo da dedicare all'attività, o forse perché spendono troppo o troppo poco nella promozione del loro esercizio, oppure non sanno quale forma pubblicitaria sia più efficace nella promozione.

Ho deciso di raccogliere in questo ebook tutte le tecniche e le strategie da me adottate in cinque anni di esperienza, per assistere quelle persone che vogliono, come ho voluto io in passato, ottenere un bed and breakfast di successo. Si spazia dalla pianificazione alla realizzazione, dalla gestione dell'attività alla sua promozione. La differenza, a questo punto, è sicuramente che tu sei più fortunato di me. In questo ebook ho riportato tutte le metodiche corrette e funzionali per avviare e gestire, nel modo più producente possibile, un bed and breakfast. Di conseguenza non ti troverai a commettere gli errori che ho commesso io, che sono stato, il più delle volte, costretto a sperimentare per trovare la soluzione giusta.

Sostanzialmente ho deciso di produrre questo ebook perché, quando cinque anni fa mi misi in testa, insieme alla mia fidanzata, di avviare un bed and breakfast, mi avrebbe davvero fatto comodo avere la possibilità di leggere queste pagine. Avrei sicuramente avuto molti problemi in meno. Si tratta di un testo davvero pratico; le indicazioni teoriche presenti riguardano esclusivamente gli adempimenti, le normative, le regole da seguire.

Un ulteriore aspetto che sicuramente troverai importante in questo ebook è la storia del mio bed and breakfast, dalla situazione iniziale da cui sono partito alle migliorie che ho apportato negli anni per creare una delle attività ricettive più famose e rinomate della mia zona. La mia è un'attività che ogni anno riceve richieste di collaborazione da parte di varie aziende per ospitare i propri dipendenti, un'attività che oggi è al livello di strutture operanti sul mercato da più di dieci anni. Sembra facile a questo punto. È vero, all'inizio sembrava facile anche a me; purtroppo solo dopo mi sono reso conto che il lavoro di gestore di un bed and breakfast era più difficile di quanto immaginassi.

Quello che farà questo ebook per te è di seguirti passo per passo nella realizzazione del tuo bed and breakfast, evitando di farti commettere sbagli più o meno importanti. Infatti non si parlerà solo di ciò che è più funzionale fare, ma anche del perché non è produttivo fare una scelta al posto di un'altra, illustrandoti le conseguenze negative in cui incorreresti.

Mi auguro davvero che, leggendo queste pagine, attivandoti realmente nella realizzazione del tuo bed and breakfast e facendo le giuste scelte, che riporto nell'ebook, tu riesca, come me, ad avviare un'attività di successo. Forse non ti renderà economicamente indipendente, forse sì, ma con tutta probabilità avrai meno problemi finanziari e un'attività appagante e gratificante. Ti auguro una buona lettura.

GIORNO 1:

Origini e storia del bed and breakfast

Iniziamo questo viaggio nel mondo del bed and breakfast con il parlarne in generale, delle sue origini. Diremo dei luoghi nei quali è sorto e dei modi in cui si è sviluppato nello spazio e nel tempo. La forma vera e propria del bed and breakfast ha avuto sviluppo nei secoli scorsi in Gran Bretagna. Dico "vera e propria" perché la tradizione di ospitare persone di passaggio presso la propria abitazione, magari ubicata in una zona di transito tra una città e l'altra, ha carattere centenario. Basta pensare che nel 1200 non esistevano le automobili, e per percorrere 200 chilometri occorrevano giorni di marcia.

Traducendo letteralmente il termine "bed and breakfast" si ottiene *letto e colazione*, e sostanzialmente sta a indicare una struttura il cui scopo primario è quello di offrire un servizio di pernottamento e la prima colazione per il giorno seguente. Agli albori, il bed and breakfast era nato come un sistema per incrementare il reddito di una famiglia. Si avviava quest'attività esclusivamente per offrire occasionalmente a persone di passaggio, in genere commercianti, un letto per dormire una notte, al massimo due, in una stanza della casa che magari non si utilizzava più.

Ma perché, in seguito, molte persone decisero di intraprendere quest'attività? Le motivazioni furono diverse. Uno dei fattori principali era l'abbandono del nucleo familiare da parte dei figli, che, una volta cresciuti e sposati, decidevano di vivere con la propria compagna sotto un altro tetto. Per questo motivo alcune stanze della casa natale non erano più utilizzate, e così venivano messe a disposizione di persone a mo' di alloggio temporaneo; si trattava di una sistemazione in cambio di un piccolo prezzo.

Poi le cose iniziarono a cambiare. Innanzitutto questa forma di attività uscì dai propri confini originari e cominciò diffondersi, prima in Europa, poi negli altri continenti. Furono in molti a dedicarsi all'apertura di questa forma di esercizio. Addirittura alcuni soggetti, nella progettazione di una nuova casa, prevedevano già la costruzione di una o due stanze in più per poter avviare un bed and breakfast.

C'è da dire, però, che il bed and breakfast in questi anni era ancora molto sottovalutato. E ti spiego il perché. Le persone che decisero di intraprendere questa forma di lavoro avevano comunque un altro impiego, un lavoro principale. Si avviava questa attività per avere a fine mese una piccola entrata in più.

Questo perché, a quei tempi, il bed and breakfast non era visto come lo vediamo noi oggi, ovvero, in molti casi, come una valida alternativa agli hotel, ma era concepito come una piccola pensione nella quale, di conseguenza, si praticavano prezzi molto bassi. Proprio per questa ragione venne sfruttato anche da quelle persone che per fare una vacanza non potevano permettersi il costo degli alberghi.

Con il passare degli anni il bed and breakfast cominciò a essere visto come una vera e propria forma di business, e ciò per due ragioni fondamentali. La prima, perché i proprietari, i gestori, erano comunque attratti dalle continue entrate. Magari perché la struttura in questione era ubicata in una zona attraente dal punto di vista turistico o artistico, vicina al centro urbano di una città, oppure perché l'accoglienza offerta agli ospiti, in termini di sistemazione, era molto simile a quella di un albergo a tre o quattro stelle. Ed è qui che arriviamo alla seconda ragione fondamentale che portò il bed and breakfast a essere visto come una grande opportunità di guadagno: i costi delle stanze erano oggettivamente inferiori rispetto a quelli di ciascun albergo dalle tre stelle in su.

La spiegazione di ciò è molto semplice. A differenza di un albergo, il bed and breakfast non necessitava di particolari adempimenti fiscali e burocratici e non esistevano costi fissi per il personale, dato che la gestione era completamente a carattere familiare. Inoltre, nella maggioranza dei casi, non si doveva costruirlo e quindi ammortizzare i costi; più una lunga serie di motivi che scoprirai tu stesso scorrendo le pagine.

Un fattore degno di nota che ti invito a prendere in considerazione: l'Italia è uno degli ultimi Paesi in cui si è sviluppata questa forma di attività. Generalmente nei luoghi in cui è sorto questo business esistono oggi bed and breakfast che fanno invidia anche ai più rinomati alberghi a quattro stelle. Prenotai qualche tempo fa in un bed and breakfast nella periferia di

Londra. In tutta sincerità provai un senso di vergogna per la mia attività. Quel bed and breakfast era davvero all'avanguardia, con un vero e proprio centro benessere all'interno, solarium, sauna, bagno turco, palestra e una piccola piscina al coperto. È ovvio che, agli albori, i bed and breakfast inglesi non presentavano certo queste forme di confort: come ho detto, si offriva agli avventori solo una stanza per pernottare e la colazione del giorno dopo. Niente di più.

Poi, con il passare del tempo, i gestori hanno cominciato a investire in queste strutture, offrendo sempre più servizi per gli ospiti e prezzi comunque inferiori rispetto agli alberghi. Come abbiamo già detto, l'Italia è uno degli ultimi Paesi in cui si è sviluppato il bed and breakfast.

Nel 1997 fu emanata dalla Regione Lazio la prima legge che disciplinava questo tipo di attività. Poco più di dieci anni fa. Risiedere in un Paese in cui questa forma di attività ricettiva è entrata da pochi anni a far parte della realtà nazionale significa puntare su un'attività in forte espansione. Basta leggere i titoli dei quotidiani per scoprire come mai sia possibile tutto questo. Oggi non si parla d'altro che di crisi, di famiglie che non riescono ad arrivare alla terza settimana del mese etc. Però un dato che mi ha sconcertato quanto fatto piacere è il fatto che negli ultimi cinque anni il turismo in Italia è aumentato di circa il 6 per cento.

Il 2009, poi, è stato un anno importante per il bed and breakfast. A differenza del 2008 si è verificato, per la maggioranza delle persone, un significativo cambiamento nel modo di ideare la vacanza. Un sondaggio ha rilevato che, nel 2009, due italiani su tre hanno modificato la propria idea di vacanza, puntando su strutture ricettive alternative per risparmiare o per incrementare il periodo di vacanza. Questo vuol dire che le famiglie non rinunciano alle loro vacanze, anche in presenza della crisi economica.

Personalmente ho avuto una prova di ciò: qualche mese fa sono stato in vacanza a Parigi con la mia fidanzata. Entrando nell'agenzia di viaggi per prenotare il volo, ero preceduto da una coppia, anche loro lì per prenotare una vacanza. Rimasi letteralmente sbalordito quando ho notato che stavano pagando la loro crociera nei Fiordi norvegesi per mezzo di un finanziamento a dodici mesi.

Un ulteriore dato statistico che non può farmi altro che piacere è che si sta verificando, da qualche anno a questa parte, una sorta di cambiamento nel modo di organizzare la vacanza. Sempre più persone avvertono, durante il viaggio, la necessità di intraprendere rapporti umani veri, sinceri, puri con le persone del luogo ospitante e di entrare in contatto diretto con lo stile di vita, con gli usi e i costumi della terra che li ospita. Alloggiare in un bed and breakfast consente a chiunque di vivere l'esperienza ineguagliabile di condividere lo stile di vita della gente del luogo.

Altro dato. Fino a qualche anno fa la maggior parte degli alberghi offriva, con il pernottamento, il pacchetto "mezza pensione": colazione e pranzo o cena, oppure "pensione completa": colazione, pranzo e cena. Oggi molti alberghi stanno modificando i propri pacchetti, offrendo principalmente la formula bed and breakfast.

Le cause principali di ciò sono due:
   1) i costi della mezza pensione e della pensione completa sono

molto elevati e ciò obbliga i clienti a pranzare/cenare sempre nello stesso luogo sperimentando, sostanzialmente, sempre la stessa cucina;

2) i costi ridotti del bed and breakfast che, con il passare del tempo, approfittando della crisi economica e della volontà degli italiani di trascorrere comunque un periodo di vacanza, si è degnamente fatto strada nel settore del turismo in Italia.

Quello che ti voglio spiegare è il fatto che, oggi, le persone preferiscono spendere qualche euro in meno alloggiando presso un bed and breakfast. Si tratta, infatti, di una sistemazione che comunque offre dei servizi basilari e che può soddisfare al meglio le esigenze di ogni singolo ospite che, in tal modo, riesce a godersi qualche giorno di vacanza in più.

Dunque, scegliere di prenotare presso un bed and breakfast piuttosto che presso un albergo, permette di spendere di meno per una vacanza nello stesso periodo. In parole povere: se con 500 euro soggiorno per sette giorni con la mia fidanzata presso un bed and breakfast di un data città, con la stessa cifra soggiornerò per massimo tre-quattro giorni in un albergo ubicato nella stessa città;

oppure dovrò spendere 800 euro per una settimana.

Insomma, puntare sull'apertura di un bed and breakfast significa realizzare un'attività realisticamente in forte e continua espansione. Dico continua perché, paradossalmente, le strutture ricettive di questa categoria sono insufficienti per soddisfare la domanda dei potenziali clienti.

SEGRETO n. 1: il bed and breakfast è un'attività in forte sviluppo, soprattutto in Italia, e l'offerta di questa tipologia di struttura ricettiva non riesce a soddisfare l'incremento costante della domanda.

Realizzare un bed and breakfast significa creare un'attività molto appagante e gratificante e, non dimentichiamolo, anche remunerativa: un'attività che, personalmente, svolgo con una passione mai provata prima. Forse perché si tratta di qualcosa che, insieme alla mia fidanzata, abbiamo creato praticamente dal nulla.

Dopo i primi anni, in cui non avevo alcuna esperienza di attività ricettiva né di accoglienza ospiti, in cui mi sono imbattuto in delusioni continue, ho cominciato veramente a divertirmi. Personalmente credo si tratti di un lavoro ideale. In primis perché, ottimizzando nel modo migliore il tempo da mettere a disposizione di questa attività, il bed and breakfast necessiterà della tua presenza fisica al massimo un paio di ore al giorno, il tempo necessario per preparare la colazione e rifare le stanze. Credo che ognuno di noi riesca a trovare, per la gestione della propria attività, un periodo di tempo, anche breve, nell'arco di una giornata. Ma di questo parleremo più avanti.

In secondo luogo, grazie a questa attività, avrai modo di conoscere persone nuove, persone provenienti da ogni parte d'Italia, persone che, magari, ti faranno i complimenti per la tua struttura perché soddisfatte della propria scelta, e ti assicuro che saranno parole bellissime da ascoltare. Ricordo che la prima volta che un cliente mi fece un complimento del genere, lo pregai di ripetermi la frase ancora una volta: volevo gustarmela più volte.

Terza considerazione: non dimentichiamo l'aspetto economico. I primi tempi per me fu un po' dura, lo ammetto. Durante le prime settimane di apertura il mio bed and breakfast era praticamente vuoto. Dopo qualche settimana, però, cominciai a ricevere le prime telefonate di richiesta informazioni, poi ci furono i primi pernottamenti, però a distanza di tempo l'uno dall'altro. Iniziai a preoccuparmi, non era quello che volevo, quello che avevo immaginato.

Però pensai: «In fondo ho aperto il bed and breakfast da poco tempo, inoltre non mi costa nulla perché, se non ci sono ospiti, non devo provvedere ad acquistare la colazione, né al lavaggio biancheria. La corrente elettrica non viene utilizzata, così come il gas e l'acqua. Ogni tanto si presenta qualche ospite e comunque ho delle entrate. Vediamo cosa succede.»

Poi venne l'estate, e credimi sulla parola se ti dico che non riuscivo a capacitarmi di cosa stesse succedendo. Non ti nascondo che nei periodi di luglio-agosto il telefono cellulare squillava anche oltre le trenta volte al giorno. Così risultava sempre occupato, dovevo caricare la batteria una volta al giorno e spesso mi mollava a metà giornata. Per risolvere il problema, dovetti utilizzare un nuovo numero di telefono, dedicato esclusivamente al bed and breakfast.

In verità non è stato solo l'avvento dell'estate a far esplodere l'attività del mio bed and breakfast. Nei primi periodi di apertura, quando ho iniziato a preoccuparmi che ciò che avevo creato non stava rendendo come avrei voluto e immaginato, ho dovuto prendere delle decisioni, apportare delle modifiche, fare sostanziali cambiamenti.

Sicuramente ho anche commesso degli errori che mi hanno fatto spendere denaro e ho poi dovuto spendere altro denaro per rimediarvi. È normale, io non avevo nessuna esperienza passata di gestione di prenotazioni, di come relazionarmi con i clienti, di come riscuotere i pagamenti, di come organizzare la prima colazione, di come rispondere alle richieste di informazioni. Alla fine, però, sono riuscito a creare un'attività che mi riempie di soddisfazioni.

Se dopo il primo anno di attività non potevo che essere soddisfatto di come erano andate le cose, delle entrate continue, delle spese effettivamente ridotte, ma soprattutto del buon guadagno, tutto ciò risultò essere soltanto il 50 per cento di ciò che si sarebbe verificato l'anno successivo. Mentre l'anno precedente le prenotazioni avevano iniziato a intensificarsi verso la metà del mese di giugno, per poi avere un boom a luglio-agosto, l'anno seguente le prenotazioni si intensificarono da metà aprile, con un boom di richieste a giugno, luglio, agosto e settembre. Non potevo credere che tutto ciò stesse accadendo proprio a me, un ragazzo di ventidue anni, studente universitario di architettura.

Non ti nascondo che, ovviamente, anche molto tempo dopo l'apertura della mia attività commisi diversi sbagli, diversi errori, e in questo campo "errore" vuol dire sostanzialmente riduzioni di entrate o uscite maggiori rispetto al previsto, uscite che poi si dimostrano vane, inutili. Purtroppo è una cosa normale.

Come ben sai è assai difficile portare avanti un'attività se non si conosce il modo corretto di farlo. Io stesso non ho avuto nessuno che mi insegnasse le basi di questa attività. Poi ho trovato un insegnante: il tempo. Grazie al tempo sono riuscito a eludere ed evitare quelle situazioni che non facevano altro che arrecare danni al mio lavoro.

Facciamo ora un semplice riassunto per capire meglio il perché è una grossa opportunità avviare un bed and breakfast:

- innanzitutto perché la domanda è di molto superiore all'offerta, sull'intero territorio nazionale. Cosa vuol dire? Vuol dire che la richiesta di attività ricettive di bed and breakfast è superiore alla quantità di bed and breakfast presenti nel territorio nazionale;

- l'Italia risulta essere uno dei luoghi più belli e suggestivi al mondo, che le persone vogliono e vengono a visitare; questo non vale solo per gli stranieri, anzi, sembra essere il contrario. L'Italia piace agli italiani e, di conseguenza, la visitano;

- gli investimenti sono abbastanza contenuti;

- l'elevata opportunità di socializzazione con persone provenienti da tutta Italia; entrerai in contatto con gli usi e i costumi dei tuoi ospiti;

- i costi di gestione contenuti: per il resto il padrone sei tu;

- la modifica di tendenza da parte dei turisti; si opta per il bed and breakfast piuttosto che per il classico albergo per una serie di motivi validi quali il prolungamento della vacanza, i costi inferiori etc.;

- infine, grazie a questo ebook, otterrai le giuste competenze tecniche per portare avanti degnamente la tua attività di proprietario e gestore di un bed and breakfast da te creato.

Questi sono tutti i motivi che mi hanno spinto ad avviare il mio bed and breakfast, un'attività che oggi mi riempie il cuore di orgoglio e di soddisfazione. Forse starai pensando che queste sono parole che potrebbe usare un padre riferendosi al figlio, ma è proprio ciò che questa attività è per me: una mia creatura.

Entriamo ora un po' più nel dettaglio. Come per qualsiasi altra attività imprenditoriale, occorre seguire un ordine, un percorso specifico che ti permetterà di focalizzare al meglio le decisioni da prendere e gli sviluppi da affrontare. I seguenti capitoli dell'ebook ti permetteranno di mettere a fuoco ogni singolo aspetto dell'attività di gestore di un bed and breakfast. Nell'ordine, devi pensare a:

- come pianificare l'attività. Devi stabilire che prodotto/servizio vuoi offrire, stilare il piano dei costi da affrontare, verificare se esistono fonti di finanziamento, osservare e seguire la normativa regionale vigente;
- come realizzare l'attività. Prendere nota dei vari adempimenti

burocratici e giuridici da effettuare, conoscere le altre attività ricettive della tua zona e della tua città, perché è importante farlo, stabilire il tariffario, condurre gli eventuali lavori, procedere all'arredamento, creare un efficace regolamento interno;

- come gestire l'attività. Devi capire come ottimizzare il tuo tempo, dare importanza all'accoglienza degli ospiti ed esser preciso nel servizio della prima colazione; devi saper gestire una telefonata di prenotazione, rispondere alle email di richiesta di informazioni e/o prenotazione nel migliore dei modi, porre mente alla gestione dei pagamenti, comprendere l'importanza degli anticipi sulla prenotazione;

- come promuovere l'attività. Capiremo quali sono le forme di pubblicità più efficaci. Ti indicherò quali utilizzare, in che misura e per quanto tempo. Parleremo dell'importanza del nome, di come creare un nome facile da ricordare e da ricondurre alla tua struttura;

- come migliorare l'attività. Ti illustrerò le strategie di miglioramento, l'importanza del costante e continuo miglioramento. Diremo quale percentuale di guadagno è importante investire ogni anno nel miglioramento dell'attività, e su quali fattori puntare.

Come ultimo passo ci sarà un capitolo interamente dedicato a un caso di studio personale, il mio. In questo ultimo capitolo ti spiegherò come, in tre anni e mezzo, ho creato quasi da zero un bed and breakfast di successo. Ti svelerò i segreti e le strategie che mi hanno permesso di fidelizzare i clienti e incrementare il loro flusso verso la mia struttura. Successivamente ci occuperemo in dettaglio di ogni singolo aspetto. Ricorda bene, non puoi passare a una fase successiva se prima non hai ultimato quella precedente.

Ho deciso di scrivere questo ebook per un semplice motivo: volevo condividere con qualcuno questa mia esperienza. Io oggi ho ventisei anni. Sono passati poco più di cinque anni da quando mi sono messo in testa di avviare un bed and breakfast. Sono uno studente di architettura e lavoro in una scuola come responsabile amministrativo, per pagarmi gli studi e perché sono prossimo al matrimonio.

La mia domanda è: se sono riuscito ad avviare un'attività così remunerativa con pochissimo tempo da dedicarvi, cominciata quando avevo poco meno di ventidue anni, con pochissimi fondi a cui attingere, non potresti crearla anche tu? Prima di andare avanti ci tengo a puntualizzare una cosa. Da quando ho avviato la mia attività mi sono reso conto che la maggioranza delle persone ha concetti molto limitati in merito a questa tipologia di struttura ricettiva.

Prima di iniziare a buttarmi a capofitto nell'avviarla, parlandone con gli amici per qualche consiglio, magari per un'impressione, ho riscontrato tantissime opinioni negative. Non sto qui a farti l'elenco, probabilmente accadrà anche a te. Una per tutte: devi costruire una struttura ex-novo per avviare un bed and breakfast oppure devi avere una struttura adatta a ospitare questa attività.

Quello che mi preme di farti comprendere è il fatto di non credere al 100 per cento a tutto ciò che ti viene riferito. Non credere completamente nemmeno a ciò che stai leggendo. Mi rendo conto di essere un po' crudo, brutale, ma solo così riuscirai a prendere le giuste decisioni in uno stato di calma mentale. Quello che devi fare è sì ascoltare ciò che pensa la gente, è inevitabile, ma poi verifica che sia effettivamente così. La maggior parte delle persone non è informata su ciò che dice, e parla solo per sentito dire. Verifica sempre ciò che ti viene detto. Non credere ciecamente neanche a ciò che stai leggendo: cerca altre fonti e verifica se è vero, se è possibile. Ti informo che, se avessi dato retta ai miei amici, ai parenti, anche ai miei genitori, oggi non avrei un bed and breakfast, lo ammetto. Non c'era nessuno favorevole a questa mia decisione. Quello che ho capito poi è che molte persone ti limitano nel fare qualcosa perché loro stesse hanno paura, si sentono a loro volta limitate nel fare qualcosa.

Chiusa questa breve parentesi, torniamo alla domanda di poco fa: se sono riuscito ad avviare un'attività così remunerativa con pochissimo tempo da dedicarvi, cominciata quando avevo poco meno di ventidue anni, con pochissimi fondi a cui attingere, non potresti crearla anche tu? La mia risposta è con tutta probabilità affermativa.

Molti dei testi che ho letto sulla creazione di bed and breakfast si occupano principalmente della pianificazione e della realizzazione di questo tipo di attività, ma per quanto riguarda il come gestire l'attività, la fase più complessa e delicata, come svilupparla e migliorarla nel tempo, non dicono nulla. Infatti è proprio in queste due fasi che si riscontra la stragrande maggioranza dei problemi.

Il come affrontare queste situazioni ti permetterà di fare la differenza. Questo ebook ti guiderà passo per passo a superare anche queste due fasi, semplicemente perché anch'io ho dovuto superarle. In poche parole, questo testo racchiude tutte quelle informazioni pratiche che avrei voluto trovare sul mercato quando sono divenuto un piccolo imprenditore. Sicuramente molti dei problemi in cui mi sono imbattuto non si sarebbero verificati.

Il bed and breakfast in Italia

In Italia l'attività del bed and breakfast è definita da norme regionali, in quanto non esiste, almeno per il momento, una qualsiasi legge nazionale che disciplini questa forma di attività ricettiva. È proprio per questo motivo che, pur avendo un filo conduttore comune, ciascuna regione ha una propria normativa in merito rispetto a tutte le altre regioni d'Italia.

Uno degli aspetti che trattano tutte le normative regionali sta nel significato di una struttura del tipo "bed and breakfast". Il bed and breakfast significa sostanzialmente offrire all'ospite una camera nell'abitazione del gestore e il servizio di prima colazione per il giorno seguente. In merito alla prima colazione le leggi regionali danno ampia possibilità di scelta, ma indicano una specifica molto importante: la prima colazione deve essere somministrata con alimenti confezionati, tranne che in alcune regioni, che vedremo in seguito.

Questo a ragion questo veduta: perché per avviare un'attività del tipo bed and breakfast non occorrono speciali autorizzazioni sanitarie per somministrare e manipolare cibi. Inoltre, per avviare un bed and breakfast ed evitare l'apertura della partita IVA è obbligatorio il carattere della saltuarietà, ossia il bed and breakfast deve obbligatoriamente rimanere chiuso per novanta giorni l'anno, anche non consecutivi.

Anche in questo caso l'affermazione non è valida per tutte le regioni, ma solo per la grande maggioranza. Ci occuperemo di ogni singolo aspetto più avanti perché, come ti ho detto prima, queste norme sono valide per quasi tutte le regioni, non per tutte. Nei prossimi capitoli affronteremo in toto questi aspetti.

SEGRETO n. 2: in Italia la disciplina del bed and breakfast è garantita da norme regionali; quindi, pur avendo un denominatore comune, questa disciplina varia da regione a regione.

Ora, forse, starai pensando: «Perché dovrei avviare un bed and breakfast? Quali vantaggi avrò avviando un bed and breakfast?» Ebbene, ti giro la domanda: se ne hai la possibilità, perché non dovresti avviare un bed and breakfast? Quali svantaggi avrai non avviando un bed and breakfast? Le risposte sono diverse, a seconda delle tue convinzioni. Dico questo perché anche io pensavo di non avere grossi riscontri positivi nell'avviare un bed and breakfast.

Ti porto il mio esempio: il locale che attualmente ospita il mio bed and breakfast fino a dieci anni fa era concesso in affitto a una famiglia di quattro persone. Era un appartamento abbastanza grande, un salotto, una cucina, due vani per deposito, tre camere e due bagni. L'affitto si aggirava intorno ai 500 euro al mese, e questa cifra, per qualunque famiglia, può significare un sostanziale incremento di reddito.

Qualche anno fa, poi, quella famiglia dovette trasferirsi in un'altra città. Cominciammo così ad affiggere cartelli *affittasi* non solo nei pressi dell'appartamento in questione, ma anche nelle diverse agenzie immobiliari della zona. Passarono diversi mesi, ma niente. L'appartamento era molto grande e questa caratteristica, apparentemente favorevole, si dimostrò negativa, in quanto molte persone che lo visitarono avevano una famiglia composta da tre, quattro elementi, e di una casa così grande non sapevano cosa farsene, preferendo un appartamento più piccolo e un affitto inferiore.

Passarono degli anni e l'appartamento rimase inoccupato. Infine un giorno di diversi anni fa, mentre mi trovavo in una pizzeria del centro della mia città, in attesa del mio turno, la mia attenzione si focalizzò su un'automobile che si fermò nei pressi di quella pizzeria. Rimasi concentrato su questa automobile perché mi accorsi che la targa non era della mia provincia. Scesero due persone, un uomo e una donna, con una cartina stradale in mano alla ricerca di qualcosa. Immaginai subito che fossero turisti che si erano persi alla ricerca di un albergo che li ospitasse.

Passò qualche minuto, fino a quando l'uomo entrò in quella pizzeria per chiedere informazioni. Senza rivolgersi a una persona in particolare, disse: «Scusate, sapete dirmi dove si trova il bed and breakfast Tizio-Caio?» Non conoscevo quel bed and breakfast, pensai addirittura che avessero sbagliato completamente zona, quindi non seppi aiutarlo. Ci pensò però il titolare della pizzeria, che sapeva dove si trovasse, e spiegò loro come arrivarvi. Era a pochi minuti di distanza, tra l'altro.

Non ti nascondo che, non appena uscii da lì dentro, andai anch'io in direzione di quella struttura, seguendo le stesse indicazioni del titolare della pizzeria. Non ricordo perché lo feci, forse per curiosità, non saprei dirlo. La mia reazione fu di sorpresa, non conoscevo assolutamente quella struttura, passavo sotto quella strada quasi tutti i giorni ma non l'avevo mai notata.

Lo stupore più grande mi colse nel tragitto verso casa mia. Sì, perché notai altre cinque o forse sei insegne di bed and breakfast, alle volte anche a distanza di pochi metri l'una dall'altra. Ti garantisco che non ne conoscevo nessuno, non li avevo mai visti prima. A malapena sapevo dell'esistenza nella mia città di un paio di bed and breakfast. Solo in una sera, poi, ne ho visti una mezza dozzina.

La curiosità era talmente tanta che, una volta arrivato a casa, mi collegai immediatamente a internet, cercando tutti i bed and breakfast presenti nella mia città. Scoprii che ce n'erano più di trenta. La cosa cominciò a stuzzicarmi. Tutti quei bed and breakfast in una piccola città di provincia. «Perché?» pensai «non è più conveniente affittare l'appartamento mensilmente, avere delle entrate garantite e sicure ogni mese? Perché tutte quelle persone hanno deciso di prendere la strada di avviare un bed and breakfast?»

Parlai di questo aspetto alla mia fidanzata, la quale immediatamente mi incitò ad avviare insieme un bed and breakfast. La mia fu una risposta negativa dettata dalla paura, dal timore, in quanto nessuno dei due era pratico nell'avviare quanto nel gestire una struttura ricettiva. Perciò l'idea venne accantonata per un po', fino al giorno in cui io e la mia fidanzata decidemmo di sposarci. Così iniziò la mia attività di proprietario di un bed and breakfast. Le risposte a tutte quelle domande, al perché la gente preferisca avviare un bed and breakfast piuttosto che affittare l'appartamento per un importo fisso al mese, ci misero un po' ad arrivare, ma furono molto convincenti.

Non voglio prenderti in giro dicendoti che avviando un bed and breakfast ogni mese guadagnerai 1000, 2000, 3000, o 5000 euro. Sarei un bugiardo. O, meglio, lo sarei in parte. È possibile guadagnare quelle cifre in un mese con l'attività del bed and breakfast, ma è importante che tu sappia che per avere un flusso considerevole di persone verso la tua struttura, che ti permetta di arrivare a quelle cifre, il tuo bed and breakfast deve possedere alcune caratteristiche fondamentali.

Adesso ne parleremo in modo sommario, poi vedremo in dettaglio ogni singolo aspetto. Ad esempio, se il tuo bed and breakfast è ubicato in una zona di periferia, difficile da raggiungere, poco collegata con mezzi pubblici, è probabile che ad esso possa essere preferita, da alcuni clienti, un'altra struttura ubicata in centro città, oppure più facile da raggiungere o, ancora, meglio collegata con i mezzi di trasporto pubblico.

L'ubicazione del bed and breakfast è il primo fattore determinante da prendere in considerazione per decidere se avviare un'attività del genere o meno. Ultimamente stanno lavorando tantissimo i bed and breakfast ubicati vicino alle università. Queste strutture sono scelte soprattutto da studenti pendolari, i quali, magari, la sera prima di un esame preferiscono dormire vicino la sede universitaria e svegliarsi il mattino seguente in un orario comodo per fare l'esame.

SEGRETO n. 3: l'ubicazione del bed and breakfast è il primo fattore da prendere in considerazione che può contribuire al successo della tua struttura ricettiva.

Voglio fare, a tuo beneficio, un piccolo calcolo matematico. Mettiamo che decida di avviare il tuo bed and breakfast. Ti dico subito che per i primi mesi sarà un po' dura: probabilmente verranno pochissimi ospiti da te, ma è una cosa normale, perché non sei conosciuto, non sei affermato sul mercato. Dopo qualche tempo comincerai a ingranare, e facciamo l'ipotesi che, nell'arco di un mese, una tua camera del bed and breakfast sia occupata per quindici giorni. Il costo minimo che i gestori di bed and breakfast praticano a livello nazionale è di 40 euro al giorno per camera doppia, ovvero 20 euro a persona. Se moltiplichi 40 euro al giorno per quindici giorni, il risultato è 600 euro al mese. Con una sola camera a disposizione. Una sola camera.

Pensaci bene. Si tratta quasi di uno stipendio medio nazionale mensile. Ci sono persone oggi che si svegliano alle 6 di mattina, lavorano otto-nove-dieci ore al giorno in fabbrica, oppure seduti davanti a una cassa del supermercato a battere scontrini dalla mattina alla sera, oppure fanno trecento chilometri al giorno in macchina, per poi tornare a casa stremati, doccia, cena, un film in televisione che nella maggior parte dei casi non si riesce a terminare a causa della stanchezza, e poi a letto. A che prezzo? All'incirca tra i 900 e i 1100 euro al mese, se sono fortunati.

Dato importante: in Italia oggi la maggior parte dei bed and breakfast possiede tre camere e ci sono molti bed and breakfast che nei mesi di alta stagione lavorano in media a pieno regime dai quindici ai ventitré giorni al mese, alcuni anche venticinque. Il costo applicato dai gestori e titolari di bed and breakfast si aggira tra i 40 e i 120 euro al giorno per camera doppia.

Non voglio essere io a fare i conti: li ho già fatti diversi anni fa quando ho capito quali vantaggi potevo trarre dall'avviare un bed and breakfast, quando mi sono chiesto perché non avviare un bed and breakfast. Come ti ho già detto, i primi tempi probabilmente saranno duri, ma poi arriveranno tante soddisfazioni.

Cerchiamo di comprendere un altro fattore determinante che può portare al successo di un bed and breakfast. Perché sempre più turisti sono orientati verso questo tipo di ospitalità? Un elemento di indubbia considerazione è il costo: pernottare presso un bed and breakfast costa meno rispetto che pernottare in un albergo, e indubbiamente parliamo di convenienza.

Come abbiamo accennato precedentemente, oggi il bed and breakfast viene generalmente rapportato e identificato con un hotel a tre stelle. Con il passare degli anni, svolgendo questa attività, ho capito una cosa molto importante, un fattore che può essere tranquillamente equiparato al problema denaro. Il fattore per cui molte persone oggi si orientano verso un'ospitalità nei bed and breakfast è il cosiddetto "fattore sociale".

Cos'è il fattore sociale? Il fattore sociale è quella caratteristica, quella qualità che contraddistingue il soggiorno in un bed and breakfast piuttosto che in un qualsiasi albergo dal carattere freddo e distaccato, che permette agli ospiti di percepire quel clima di accoglienza, quel calore familiare che solo il bed and breakfast è in grado di offrire. Non so se hai mai pernottato in un bed and breakfast in Italia e provato queste sensazioni.

Personalmente, prima di pensare ad avviare questo tipo di attività, ero molto scettico sui bed and breakfast in generale. Nella mia mente li immaginavo come pensioni, di quelle che si vedono nei film di qualche anno fa: sporche, vecchie, logore. Cambiai idea in una settimana. Mi collegai a internet, cercando dei bed and breakfast in tutta Italia, senza una localizzazione precisa. Ciò che più mi interessava erano le immagini. E già da questo punto di vista la mia idea di bed and breakfast si modificò. Alcune immagini delle camere erano stupende, era molto difficile riuscire a capire se si trattasse di immagini di camere di hotel o di bed and breakfast.

Ma la cosa che più di tutte mi fece cambiare idea fu un viaggio, fondamentale per la mia decisione futura di avviare un bed and breakfast oppure di rinunciarvi. La mia fidanzata da qualche tempo desiderava fare una breve vacanza a Genova per visitare l'acquario. Invece del solito albergo questa volta optammo volontariamente per il bed and breakfast. Fu un bellissimo soggiorno. Le camere erano molto accoglienti, ben attrezzate. Il gestore era molto disponibile nei nostri confronti, ci dava suggerimenti sui locali in cui pranzare e cenare.

Ogni sera ci chiedeva se per la colazione del giorno dopo desideravamo qualcosa in particolare, e ci indicava sempre cosa potevamo visitare nella città, oltre all'acquario, in base alle nostre esigenze e interessi. Rimasi molto colpito da tutto ciò, e fu questo che più di tutto mi fece cambiare opinione su questa nuova attività, nella quale mi sarei buttato a capofitto da lì a qualche settimana.

Dove voglio arrivare con questo discorso? Poco fa ti ho detto che il bed and breakfast è l'unica struttura ricettiva in grado di offrire quel calore, quella accoglienza che, in un certo modo, ti fanno sentire a casa. Ma perché le persone gradiscono questo tipo di trattamento? È molto semplice quanto banale.

Ti porto un esempio della vita di tutti i giorni. In genere della città in cui viviamo abitualmente non ci va mai bene niente: i mezzi pubblici non sono mai in orario, l'amministrazione comunale non fa niente per i problemi comuni, il traffico ci fa innervosire, non c'è abbastanza verde per portare i bambini la domenica a divertirsi.

In sostanza critichiamo spesso e volentieri la nostra città, e pensiamo sempre al periodo delle vacanze, non vediamo l'ora di partire per abbandonarla, lasciandola alle nostre spalle, e di liberarci da quello stress quotidiano. Qui arriva il bello. Non appena siamo in vacanza, passati due o tre giorni, la nostra città ci manca come l'aria che respiriamo, non vediamo l'ora di ritornarci. Il bed and breakfast ovvia un po' a tutto questo, creando quel clima familiare, quel calore che si genera esclusivamente in casa propria.

SEGRETO n. 4: sempre più persone sono alla ricerca di strutture ricettive in grado di offrire loro quel calore familiare che si prova solo a casa propria, e il bed and breakfast riesce in questo intento.

RIEPILOGO DEL GIORNO 1:

- SEGRETO n. 1: il bed and breakfast è un'attività in forte sviluppo, soprattutto in Italia, e l'offerta di questa tipologia di struttura ricettiva non riesce a soddisfare l'incremento costante della domanda.

- SEGRETO n. 2: in Italia la disciplina del bed and breakfast è garantita da norme regionali; quindi, pur avendo un denominatore comune, questa disciplina varia da regione a regione.

- SEGRETO n. 3: l'ubicazione del bed and breakfast è il primo fattore da prendere in considerazione che può contribuire al successo della tua struttura ricettiva.

- SEGRETO n. 4: sempre più persone sono alla ricerca di strutture ricettive in grado di offrire loro quel calore familiare che si prova solo a casa propria, e il bed and breakfast riesce in questo intento.

GIORNO 2:

Come pianificare l'esercizio

Nel capitolo precedente abbiamo parlato in modo generale del bed and breakfast, della sua storia e della sua evoluzione; abbiamo accennato brevemente ad alcune delle caratteristiche o, meglio, ai requisiti che deve possedere un bed and breakfast per essere considerato tale; abbiamo poi descritto i motivi reali per i quali puntare sul bed and breakfast e le ragioni per cui si sta parlando del bed and breakfast come di un'attività in forte in sviluppo, soprattutto in Italia.

Con questo capitolo cominceremo a entrare nel cuore di questa affascinante attività. Come ben sai, chiunque voglia realizzare qualcosa, prima di giungere al prodotto finale, prima di raggiungere un determinato risultato, ha dovuto, in partenza, ragionare su alcuni fattori importanti. Ad esempio ha dovuto pensare a come raggiungere quel dato risultato, con quali risorse, alcune già a sua disposizione, altre da procurarsi, quanto tempo sarebbe stato necessario per avviare l'attività, i vari passi da seguire.

Non so se hai mai sentito pronunciare la seguente massima: «Qualsiasi cosa realizzata dall'uomo è stata prima immaginata nella sua mente.» È proprio quello che dovremo fare noi. Fondendo tutte queste informazioni in un'unica parola, possiamo coniare il termine "pianificazione". Per quanto riguarda l'avvio di un bed and breakfast, ad esempio, dobbiamo iniziare a concentrarci su cosa hai a disposizione per sviluppare questa attività; successivamente sul tipo di prodotto che puoi offrire, e di conseguenza sui costi da affrontare; poi dovremo conoscere almeno un po' le leggi inerenti a questa forma di attività, la normativa vigente in Italia attraverso le norme regionali; e, infine, dobbiamo capire se esistono fonti di finanziamento a cui è possibile accedere per favorire l'apertura del tuo bed and breakfast.

Come abbiamo detto, in questo capitolo ci occuperemo della pianificazione. Cosa vuol dire pianificare? Pianificare significa programmare l'avvio di una attività seguendo un piano o degli step successivi, ovvero un programma efficace che ti porti, come fine ultimo, alla realizzazione dell'attività. Nel caso dell'apertura di un bed and breakfast la pianificazione è piuttosto semplice, ma non per questo va sottovalutata.

In particolare, inizialmente è fondamentale pensare al fatto che tu abbia o meno un locale a disposizione per avviare il bed and breakfast, a cosa vuoi offrire, a cosa puoi permetterti di offrire a breve, medio e lungo termine. Devi ragionare su come vuoi organizzare la tua attività, come preferisci arredare le camere, come vuoi fare pubblicità alla tua struttura, dove vuoi fare pubblicità e in che misura, quanto denaro vuoi o puoi investire, quanto puoi guadagnare in base a queste decisioni.

Per quanto riguarda la pubblicità, si tratta di un tema molto delicato cui ho deciso di dedicare un capitolo a parte, in modo tale che tu comprenda appieno le informazioni che ti fornisco, evitando di sovraccaricarti di materiale importante. Tornando a noi, è fondamentale che riporti il tutto nero su bianco. Questo perché, con il passare dei giorni, ti verranno in mente nuove idee, nuovi spunti, e aver messo tutto per iscritto sarà importante per verificare le nuove annotazioni con quelle precedenti, capire quale è più funzionale, meno dispendiosa e più redditizia.

SEGRETO n. 5: il primo passo per avviare un bed and breakfast di successo è concentrarsi sulla pianificazione, ovvero produrre una serie di step efficaci che ti consentano di creare un bed and breakfast di successo.

Le questioni da affrontare sono tante e disparate, e non possiamo permetterci di sottovalutare nessuno di questi aspetti. Prima di proseguire, però, faremo una breve lezione di economia. Devi capire solo due concetti: il concetto di "costo fisso" e il concetto di "costo variabile". Sono due concetti di fondamentale importanza, e preferisco parlartene ora perché la maggior parte delle decisioni che prenderai ruoteranno intorno ad essi.

Ancor prima di fornirti la definizione, per farti comprendere appieno il significato dei termini costo fisso e costo variabile, ti porterò un semplice esempio di economia. Mettiamo il caso che tu voglia affittare un magazzino per l'imballaggio delle carote. Per semplicità diremo che i macchinari erano già presenti all'interno. Ti viene concesso in affitto questo magazzino e puoi iniziare fin da subito la tua nuova attività. Ogni mese dovrai pagare il canone di locazione del magazzino a prescindere dal fatto che lavorerai un chilo di carote al giorno oppure venti tonnellate. L'affitto mensile dovrai pagarlo comunque, ogni mese la stessa identica cifra, e questa cifra non varierà al variare del tuo rendimento. L'affitto mensile del magazzino è denominato *costo fisso*.

Ora ipotizziamo che per un mese non imballi le carote, quindi non hai bisogno di acquistare plastica da imballaggio, perché non ti occorre. La plastica da imballaggio è un *costo variabile*, in quanto la quantità di materiale da acquistare varia al variare del tuo lavoro. Per essere più precisi, il costo variabile è direttamente proporzionale alla quantità di lavoro affrontato o da affrontare.

Diamo ora una definizione più precisa dei due tipi di costo. Il costo fisso è quella uscita di cassa che si verifica periodicamente, a cadenze prestabilite: mensili, trimestrali, semestrali o annuali, ad esempio. Il suo ammontare non varia in rapporto all'andamento dell'attività. Nel caso del bed and breakfast, se decidi di affittare un appartamento per realizzarlo, il costo fisso sarà l'affitto mensile che devi sostenere sia se hai solo un ospite alla settimana, sia se sei al completo per tutto il mese. L'importo dell'affitto sarà sempre lo stesso, e ogni mese dovrai preoccuparti di saldarlo.

Il costo variabile, invece, è quella uscita di cassa che varia in rapporto alla quantità prodotta: nel caso del bed and breakfast, in rapporto all'andamento della attività. Sempre nel caso del bed and breakfast, ad esempio, se hai un ospite che sai pernotterà il giorno seguente presso la tua struttura, provvederai ad acquistare la colazione adatta alle esigenze di una singola persona. Se invece pernotteranno sei persone per quattro giorni, la spesa della colazione sarà sicuramente maggiore, così come le spese per l'energia elettrica, l'acqua e il gas. Il successo del bed and breakfast sta proprio in queste due definizioni.

Pensa ora a un albergo e a un bed and breakfast. Immaginiamo che durante una settimana queste due strutture non abbiano camere occupate. L'albergo, più o meno grande che sia, dovrà comunque affrontare dei costi relativi al personale, dalla donna delle pulizie al receptionist; poi dovrà sostenere costi relativi all'energia elettrica, al gas, al telefono, in quanto, anche se non c'è alcun ospite, il consumo si verifica sempre, anche se in maniera minore.

Il bed and breakfast, in questa settimana di camere non occupate, non avrà costi da affrontare. Difatti, una volta avviato, il bed and breakfast avrà a che fare per il 90 per cento della sua vita solo con i costi variabili. Il restante 10 per cento riguarderà i costi da affrontare per l'ordinaria manutenzione della struttura ed, eventualmente, per le spese per la ristrutturazione dell'immobile.

SEGRETO n. 6: il concetto di costo fisso e il concetto di costo variabile sono di fondamentale importanza al fine della realizzazione della tua attività, ed è importante prenderli in considerazione anche per il futuro dell'attività stessa.

Fatta questa breve lezione di economia, che ci sarà molto utile, proseguiamo per il nostro percorso. Daremo ora una breve introduzione alla normativa regionale. Dato che tale normativa varia da regione a regione, verranno qui riportati estratti di norme valide grossomodo per tutte le regioni. Successivamente ci dedicheremo in maniera approfondita alle singole normative regionali. Questo per rendere il discorso quanto più comprensibile possibile.

Devi sapere che nella maggior parte delle regioni il bed and breakfast prevede questa disposizione: *alloggio e prima colazione*, ossia il servizio offerto da parte di coloro che nella propria abitazione hanno residenza e domicilio e mettono a disposizione degli alloggiati un certo numero di camere con relativi posti letto e un certo numero di bagni. Tale servizio deve essere obbligatoriamente svolto con carattere saltuario, oppure per periodi stagionali, con un periodo di inattività pari almeno a novanta giorni l'anno anche non consecutivi, ridotti a trenta giorni l'anno nel caso di comuni sprovvisti di altre strutture ricettive. A meno che non si decida di aprire una partita IVA; ma in questo caso non stiamo parlando più di bed and breakfast, bensì di affittacamere.

Tale attività deve offrire un massimo di tre camere con non più di sei posti letto, ed è compresa la prima colazione assicurata avvalendosi della normale organizzazione familiare. In ogni caso il soggiorno di ciascun singolo ospite non può essere superiore a novanta giorni. Partendo da questo breve presupposto, si intende che devi essere una persona abbastanza ospitale, e che devi dedicare del tempo alla gestione della tua attività, come ad esempio preparare la prima colazione, accogliere gli ospiti, e via dicendo. Se ti dà fastidio vedere gente che passeggia per casa, che fa rumore la notte quando rientra, che ti sposta degli oggetti che tu sempre hai tenuto in un certo modo, hai due possibilità: la prima, abbandoni l'idea di avviare un bed and breakfast; la seconda, cerchi di passarci sopra, ti adegui in favore della tua attività.

SEGRETO n. 7: presupposto fondamentale per la creazione di un bed and breakfast è la tua volontà e disponibilità a essere una persona ospitale con delle persone estranee, che trascorreranno un periodo di tempo più o meno consistente in casa tua.

Se accetti questa immediata quanto ovvia considerazione iniziale, devi sapere che dovresti avere un luogo adatto per svolgere questa attività. Abbandoniamo per sempre l'idea che un bed and breakfast vada creato da zero. Ci sono diverse modalità circa i locali da utilizzare. Puoi scegliere, ad esempio, di destinare una, due o tre camere della tua abitazione a questa attività. Poi è indispensabile almeno un bagno in comune per gli ospiti. Ogni camera deve essere accogliente e arredata in un certo modo. Di questo parleremo più avanti.

Se non disponi di un locale idoneo, puoi decidere di prendere un appartamento in affitto e destinarlo a bed and breakfast. Ma in questo caso il discorso è leggermente più complicato. Ci sono diversi fattori da prendere in considerazione, come ad esempio i costi degli affitti degli appartamenti: devi chiederti se è possibile ammortizzare, con le entrate, l'affitto mensile. Ti spiegherò anche questo tra poco.

Un altro fattore su cui è importante riflettere prima di pensare alle modalità di creazione di un bed and breakfast è l'ubicazione della struttura. L'ubicazione è un fattore fondamentale affinché un bed and breakfast abbia successo in termini di affluenza di clienti. È ovvio che se decidi di aprire un bed and breakfast in una zona isolata, turisticamente poco attraente, difficile da raggiungere, per te sarà molto più difficile portare avanti questa attività rispetto a chi decide di aprirne uno in una zona di forte attrattiva turistica, o magari nel centro di una grande città, o in una zona commerciale. Quindi è necessario pensare bene anche a questo fattore.

Deciso che sei una persona ospitale e sei intenzionato ad avviare il tuo bed and breakfast, proseguiamo parlando della pianificazione e iniziamo con il primo passo, che riguarda *cosa hai a disposizione*. Personalmente definisco questo aspetto come il "fattore scatenante", nel senso che è in base a ciò che hai a disposizione che ruoterà tutta la realizzazione del bed and breakfast. La domanda: «Cosa hai a disposizione?» è intesa in duplice forma: la prima riguarda il luogo fisico, ovvero l'immobile nel quale è possibile collocare l'attività; la seconda concerne tutte le attrezzature e gli arredi di cui disponi e che puoi apportare a favore della realizzazione del tuo bed and breakfast.

In un certo senso, esisterebbe una terzo significato, una categoria astratta che fa parte sempre di ciò di cui disponi. Parliamo delle tue "abilità". Tutte le cose che sei in grado di fare, le tue conoscenze, ricoprono una importante fetta dell'insieme *cosa hai a disposizione.* Ecco cosa voglio farti capire: se sei un esperto di web, la creazione di un sito internet per te non dovrebbe significare una uscita di cassa, e provvederai da te a creare il tuo sito internet; se sei bravo nei lavori domestici, in molti casi potrai evitare di ricorrere, ad esempio, a un elettricista, a un muratore o a un idraulico.

Quindi è anche importante riflettere su tutte quelle capacità, quelle abilità che si hanno e che si possono mettere a disposizione non solo dell'avvio, ma anche della gestione presente e futura del bed and breakfast. Mettiamo ora per un attimo da parte le attrezzature e le abilità. Parlando del luogo fisico, è ovvio che il bed and breakfast necessita di una struttura che lo ospiti.

Piccola parentesi. Come ti accennavo, è importante sapere che la disciplina del bed and breakfast è regolata da norme regionali, per quanto alcuni aspetti variano da regione a regione. Tutte le regioni hanno emanato norme a disciplina dei bed and breakfast che si rifanno alla legge nazionale di riferimento, la n. 135 del 29 marzo 2001: "Riforma della legislazione nazionale del turismo", pubblicata sulla Gazzetta Ufficiale del 20 aprile 2001. La legge prevede che per aprire un bed and breakfast bisogna risiedere nell'abitazione in cui si intende avviare l'attività.

Ho premesso questo aspetto perché, nel trattare ciò di cui disponi in questo momento, ti devi limitare a focalizzare la tua attenzione prima di tutto sulla tua abitazione, nella quale vivi e risiedi abitualmente. È possibile avviare un bed and breakfast nella tua abitazione? Hai una, due o tre camere da mettere a disposizione degli ospiti? Hai almeno un bagno per loro in questa tua abitazione? Queste sono le prime domande da porti. É da qui che devi partire. Se è possibile avviare un bed and breakfast nella tua abitazione, se hai delle camere e almeno un bagno da mettere a disposizione degli ospiti, sei un bel passo avanti. Per avviare un bed and breakfast è sufficiente una camera da letto e un bagno da destinare agli ospiti; se li hai, puoi già decidere di avviare questa attività.

Questa norma, apparentemente semplice, deve essere rispettata alla lettera. Il bed and breakfast deve essere ubicato nell'immobile in cui hai sia la residenza che il domicilio. Cosa voglio dire con questo? Ti porto un esempio pratico. Un mio carissimo amico, dopo aver saputo che qualche tempo prima avevo avviato un bed and breakfast, ha pensato bene di fare la stessa cosa e, ovviamente, mi ha chiesto dei consigli. Mi ha spiegato che, in pratica, la sua famiglia era proprietaria di una abitazione di due piani. Dopo il matrimonio della sorella, il piano inferiore era rimasto inutilizzato e voleva aprire lì il suo bed and breakfast. Io gli dissi che non c'erano problemi in merito, però da quel momento in avanti lui fu costretto a cambiare la sua residenza dal piano superiore al piano inferiore.

In poche parole, tu devi risiedere nello stesso locale adibito a bed and breakfast. Se invece non è possibile avviare un bed and breakfast nella tua abitazione abituale, bisogna trovare una soluzione al problema. Avendo stabilito che non è possibile avviare un bed and breakfast nella tua abitazione, dobbiamo fare un passo indietro, tornando alla domanda: «Cosa hai a disposizione?»

La soluzione si presenta qualora tu abbia a disposizione altre abitazioni, delle residenze in cui ritieni sia possibile avviare la tua nuova attività. Le legge prevede, te lo ripeto nuovamente, che tu debba risiedere nell'abitazione in cui opera il tuo bed and breakfast e quindi, in questo caso, è necessario effettuare un cambio di residenza e di domicilio. Personalmente conosco delle persone che, pur avendo la possibilità di avviare un bed and breakfast nella propria abituale residenza, hanno preferito avviarlo in altri immobili sempre di loro proprietà, per il semplice fatto che il nuovo locale era ubicato in luoghi maggiormente attraenti rispetto alla loro abituale residenza. E per questo hanno dovuto effettuare una variazione di domicilio e di residenza.

Qualora tu non disponga di altri immobili ove collocare la tua attività, l'unica soluzione disponibile, al momento, è quella di trovare una abitazione in affitto. Per tale scelta ti informo che occorre il consenso da parte del proprietario dell'immobile con cui ti appresti a stipulare un contratto di affitto. Deve essere informato circa la tua volontà di avviare un bed and breakfast all'interno della sua abitazione, che ti concede in affitto.

Se ti concede questa facoltà, ti dovrà fornire il suo consenso per iscritto. Inoltre, se si tratta di un condominio, bisogna informare gli altri condomini che nel palazzo si sta avviando una forma di attività ricettiva. Durante la relativa assemblea condominiale si dovrà discutere di questa eventualità e si procederà alle votazioni. Se la maggioranza sarà favorevole potrai intraprendere la tua nuova attività. Ti informo comunque che si tratta di una decisione molto rischiosa.

Una persona che voglia ricorrere a questa soluzione prima di tutto dovrà procedere a effettuare un cambio di residenza e di domicilio, dalla vecchia alla nuova abitazione, per i motivi precedentemente descritti. Successivamente dovrà provvedere a investire una certa somma di denaro per avviare il bed and breakfast. Ma il problema maggiore risiede soprattutto nella aleatorietà del flusso clienti, nel senso che non è prevedibile; soprattutto durante i primi mesi è molto difficile prevedere il flusso dei clienti verso la struttura. In poche parole, è complicato capire se durante un mese si riusciranno a ottenere le entrate necessarie a garantire il pagamento dell'affitto mensile.

Come ho precedentemente affermato, si tratta di una decisione molto difficile e rischiosa da prendere. Personalmente sconsiglio questo tipo di scelta. Il bed and breakfast deve essere un'attività da svolgere con piacere, che ti dia soddisfazioni, che ti permetta di acquistare quel regalo tanto desiderato dai tuoi figli, di poter fare quella vacanza con tua moglie, di acquistare una nuova automobile, di vivere sostanzialmente una vita più agiata, più serena e tranquilla sotto l'aspetto finanziario.

Avviare un bed and breakfast non deve portare ad alcun grosso sacrificio, né economico né personale, come nel caso dell'affitto, e non ti deve costringere a passare il tempo pensando se questo mese potrai o non potrai saldare i conti perché ci sono stati pochi ospiti. Il bed and breakfast è una attività ideale proprio per questo motivo. Svolgendo l'attività in casa tua, se hai ospiti lavori, guadagni, se sei bravo guadagnerai anche bene; ma se non ci sono ospiti perché magari si tratta di un periodo di bassa stagione, quantomeno non andrai incontro ad alcuna spesa, perché la fonte di entrata è la tua abitazione, dove vivi abitualmente. Le spese che devi affrontare si verificheranno quando c'è la clientela.

Come ho precedentemente detto, una volta avviato il bed and breakfast il 90 per cento dei costi da affrontare sono variabili: variano in base al variare del flusso dei clienti. Se decidi di prendere un appartamento in affitto per realizzare il bed and breakfast, sai già che ad ogni inizio del mese dovrai preoccuparti di saldare un costo fisso: l'affitto. È anche vero che so di persone che hanno intrapreso questo tipo di scelta, ovvero cercare un appartamento in affitto e realizzare lì il bed and breakfast.

Posso dire che in questo caso la decisione è stata molto ponderata e poi realizzata perché questa struttura presentava alcune importanti caratteristiche a vantaggio del gestore, dei veri e propri valori aggiunti. La struttura in questione, ad esempio, ha come valore aggiunto l'ubicazione, in quanto sorge in una località altamente turistica, che garantisce un buon lavoro per sei-sette mesi l'anno, specie durante l'estate. Nel periodo di alta stagione effettuando, ad esempio, un prezzo di circa 100 euro a camera al giorno, avendo tre camere e lavorando in media per quindici giorni al mese per sei mesi, il guadagno esiste, e anche la possibilità di pagare 800 euro di affitto al mese, anche in quei mesi di bassa stagione in cui non si lavora. Ma, come ti ripeto, si tratta di decisioni difficili da prendere.

SEGRETO n. 8: il primo fattore da individuare è cosa hai a

disposizione, inteso come tutte quelle abilità, attrezzature, materiali ma soprattutto la struttura di cui disponi e in cui è possibile realizzare il bed and breakfast.

Prima di passare al secondo passo, è importante che ti spieghi un altro importante concetto: l'aspetto economico. Affrontiamo subito la parte economica perché andrà a incidere su tutti gli altri fattori. Come ogni avvio di attività, è indispensabile fare degli investimenti. Il vantaggio del bed and breakfast sta nel fatto che gli investimenti iniziali non sono elevati come nella maggior parte delle attività. È bene fare un punto della situazione di partenza, mettere nero su bianco le proprie risorse finanziarie e capire di quanta liquidità si dispone. Ma soprattutto è opportuno avere contezza dei beni dei quali si dispone e che possono essere utilizzati nel proprio bed and breakfast.

Perché tutto questo? Se ad esempio disponi di 5000 euro da investire nella tua nuova attività e vuoi creare una struttura di lusso: ogni camera con la TV LCD, lettore DVD, idromassaggio, serrature elettroniche, cassaforte, frigo bar, capisci da solo che dovrai modificare il budget oppure la tua concezione di prodotto finale. È anche vero che con dei servizi simili potrai chiedere dei prezzi elevati, ma come ben sai la gente non ti paga per dei servizi che non hai.

Quindi, prima di guadagnare, devi investire. Anch'io, quando ho avviato il mio bed and breakfast, avevo tanti sogni. Me lo immaginavo vividamente: tinte calde sui muri, stucchi sulle pareti, rosoni al soffitto, aria condizionata e televisori in ogni camera, una sala colazione accogliente, calda, con tre tavoli, uno per ciascuna camera e un bel mobile bar in ciliegio, un divano con due poltrone per far accomodare gli ospiti, una esterno accogliente con tavoli e sedie in veranda, servizio Wi-Fi. L'unico problema era che tutto questo non potevo permettermelo. Così per un po' di tempo, due anni per la precisione, ho dovuto mettere da parte l'idea del mio bed and breakfast ideale.

Ho iniziato in maniera molto semplice, "minimal" possiamo dire, con l'arredamento sufficiente, senza aria condizionata, con la sala colazione pressoché inesistente, solo con un tavolo grande ovale con sei sedie, senza divano né poltrone, né arredi esterni in veranda. Dopo due anni di attività, durante i quali ho accantonato l'intero ricavato, ho acquistato tutte quelle cose che desideravo per migliorare la mia struttura.

Quindi, metti nero su bianco: scrivi la cifra precisa che puoi investire nella tua nuova attività, la cifra esatta che hai a disposizione. In base a questa cifra ti potrai orientare su cosa vuoi realizzare e su cosa puoi offrire. Questo non vuol certo dire che non puoi realizzare il bed and breakfast dei tuoi sogni. Anch'io sono partito con dei sogni, li ho solo dovuti mettere da parte per un po' di tempo. Quindi, ora è importante decidere la liquidità di cui puoi disporre.

SEGRETO n. 9: stabilisci con esattezza la cifra in denaro che puoi investire nella tua nuova attività. In base a questa potrai organizzare il tuo lavoro, divenire consapevole di quale servizio puoi offrire e soprattutto capire come sviluppare la tua attività.

Ora, stabilito che hai a disposizione all'interno della tua abitazione dei locali per realizzare il tuo bed and breakfast, passiamo al secondo passo: *cosa vuoi offrire*. Come ho detto nel capitolo precedente, bed and breakfast significa sostanzialmente "letto e prima colazione". Quindi ti devi preoccupare principalmente di questi due aspetti, ovvero di tutto ciò che riguarda l'arredamento della camera o delle camere e della somministrazione della prima colazione.

Per quanto riguarda l'arredo delle camere hai ampia libertà di scelta, anche in base alle tue disponibilità, ma la normativa prevede per ciascuna camera dei requisiti minimi da rispettare affinché ti venga concessa l'autorizzazione di avvio attività, e sono:

- minimo 14 mq per camera doppia;
- minimo 8 mq per camera singola;
- minimo 6 mq in più per camera per aggiunta di un posto letto;
- conformità alle norme di sicurezza degli impianti elettrici, a gas e di riscaldamento che va redatta da un professionista iscritto ai vari albi;
- rispetto delle norme igieniche ed edilizie;
- servizio assicurato avvalendosi della normale conduzione familiare.

Inoltre in ciascuna camera deve essere presente una dotazione minima:

- tavolo o scrittoio;

- armadio;

- cestino getta carte;

- letto corredato di tutta la relativa biancheria;

- una sedia per ospite;

- un comodino per ospite;

- una presa luce per ospite;

- un punto luce per ospite.

Questi sono elementi e caratteristiche che ciascuna camera deve presentare a fini normativi. Inoltre, all'interno dell'abitazione, deve essere presente almeno un bagno a disposizione degli ospiti. Sia che vi sia un bagno in comune, sia che vi siano bagni privati in ciascuna camera, anche in questo caso vi deve essere una dotazione minima. In particolare, il bagno deve essere predisposto con:

- water e bidet;

- lavabo;

- doccia o vasca;

- presa di corrente;

- specchio;

- chiamata d'allarme;

- punto luce.

La normativa nazionale-regionale

Come abbiamo già detto, ogni regione d'Italia, sulla base della legge nazionale relativa al turismo, ha elaborato delle norme che disciplinano l'apertura dei bed and breakfast. Le varie norme regionali sono molto simili tra loro e i caratteri principali sono praticamente gli stessi in tutte le regioni. Ciò che cambia da regione a regione sono dettagli in merito alla somministrazione della prima colazione oppure alla capacità ricettiva. Vedremo il tutto in seguito.

Concentriamoci, intanto, sulla normativa. È necessario che tu la comprenda per poter avviare il tuo bed and breakfast, pianificando ogni passo verso la realizzazione. Questo argomento può risultare un po' noioso. È quello che ho pensato io stesso quando mi sono trovato davanti a una serie di normative, alcune, devo dire, anche un po' complesse, senza che nessuno mi spiegasse nulla. Io ti illustrerò le normative più importanti e ti aiuterò a rendere più semplici i concetti espressi.

Iniziamo con il dire che le normative in merito ai bed and breakfast sono regionali, quindi variano da regione a regione. Non si tratta di variazioni sostanziali, in quanto tutte queste norme sono state redatte per mezzo di un denominatore comune. Ciò che segue non è altro che la normativa nazionale, ovvero l'insieme di leggi valide per tutte le regioni. Successivamente, invece, ci sarà una parte dedicata esclusivamente ai vari aspetti che cambiano da regione a regione.

Per avviare un bed and breakfast, come abbiamo già detto più volte, bisogna innanzitutto risiedere nell'abitazione in cui si intende operare. L'alloggio deve avere al massimo tre camere debitamente arredate. Ci sono dei requisiti minimi richiesti obbligatori, senza i quali non verrà rilasciata l'autorizzazione di inizio attività.

Il servizio deve essere assicurato avvalendosi della normale organizzazione familiare e fornendo la prima colazione sottoforma di vivande e bevande preconfezionate, e senza alcun tipo di manipolazione da parte del gestore dell'attività. Questo perché per avviare un bed and breakfast non è necessaria alcuna autorizzazione sanitaria per la manipolazione dei cibi; è sufficiente una DIA semplice.

Le strutture per l'esercizio del servizio bed and breakfast devono possedere i seguenti requisiti minimi funzionali e strutturali:

- fornitura di energia elettrica, acqua calda e fredda, riscaldamento (non sempre);

- ogni camera deve essere dotata di una porta d'ingresso con serratura e almeno una finestra/balcone, arredate con almeno un letto, un comodino, un punto luce su ciascun comodino, una sedia per ospite, un armadio, un cestino porta rifiuti, una tenda oscurante se la finestra non dispone di imposte;

- riordino e pulizia quotidiana della camera;

- cambio delle lenzuola e della biancheria da bagno almeno due volte a settimana, e comunque ad ogni cambio di ospite;

- presenza di una cassetta contenente materiale di primo soccorso e di un estintore, che non è obbligatorio in tutte le regioni ma è consigliato.

Autorizzazione per l'avvio dell'attività

La domanda di rilascio dell'autorizzazione all'esercizio dell'attività di bed and breakfast deve essere richiesta e successivamente presentata allo sportello unico per le attività produttive (SUAP) del comune competente, se è predisposto, oppure presso l'azienda di promozione turistica (APT) della provincia cui si fa capo. Tale domanda deve presentare:

- la denominazione e l'ubicazione fisica della struttura;

- le generalità del soggetto titolare o gestore della struttura;

- l'indicazione della capacità ricettiva della struttura in linea con la normativa regionale, dei servizi complementari offerti, del periodo di apertura stagionale o annuale, nonché del servizio di somministrazione di cibi, offerti esclusivamente ai propri clienti e senza manipolazione da parte del titolare;

- la classificazione attribuita all'attività ricettiva.

Alla domanda dovranno poi essere allegati i seguenti documenti:

- la planimetria dell'unità immobiliare o della porzione dell'immobile da destinare all'attività, redatta e sottoscritta da un tecnico iscritto all'albo o ordine professionale, architetto o geometra, in scala 1:50 o 1:100, con indicazione della superficie utile dei vani, delle varie altezze, del numero dei posti letto, dei vani in comune, dei locali riservati e delle eventuali aree di pertinenza dell'intero immobile o della porzione in questione;

- la documentazione idonea a dimostrare la disponibilità dei locali quali, ad esempio, gli atti di compravendita o locazione, nonché, in caso di comproprietà, l'atto di assenso di tutti i proprietari;

- la dichiarazione sostitutiva di atto di notorietà, sottoscritta dal richiedente, attestante la conformità urbanistica e catastale in linea con la normativa vigente;

- la certificazione rilasciata da un soggetto abilitato circa la conformità delle strutture ricettive e dei relativi impianti alla normativa vigente in materia specifica di igiene e sicurezza dei locali;

- il regolamento interno della struttura, se previsto, da esporre all'ingresso dell'immobile in un luogo di facile visibilità e soprattutto in ogni camera, preferibilmente dietro la porta d'ingresso insieme al prezzario applicato durante l'anno;

- nel caso in cui l'immobile faccia parte di un edificio composto da più unità immobiliari, occorre l'attestazione della comunicazione formale, attraverso raccomandata con ricevuta di ritorno, all'amministratore dell'assemblea condominiale, dell'attività che si intende avviare.

Il comune, tramite il SUAP, oppure l'APT territoriale, entro novanta giorni dalla presentazione della domanda provvede al rilascio dell'autorizzazione. Decorso tale termine, se non verrà inviata alcuna ulteriore comunicazione, la domanda si intende accolta. Tale autorizzazione deve essere esposta in un luogo interno alla struttura che sia di facile visibilità: sia a beneficio degli ospiti sia in caso di controllo da parte delle forze dell'ordine.

Il titolare o il gestore della struttura è tenuto a comunicare al comune le eventuali modifiche dei periodi di chiusura, nonché i periodi di apertura e chiusura straordinaria in concomitanza di eventi particolari almeno trenta giorni prima del verificarsi degli eventi stessi. Il comune rilascia apposita autorizzazione nei quindici giorni successivi alla data di ricezione della suddetta comunicazione.

Rinnovo dell'autorizzazione

L'autorizzazione, per gli anni successivi al rilascio, va rinnovata di anno in anno. L'APT territoriale di competenza provvederà a inviare, entro il secondo semestre dell'anno, il modulo di modifiche del prezzario e dei servizi della struttura, nonché la specifica dei periodi di apertura e chiusura. Anche se nell'attività tutto risulta invariato, va comunque compilato in ogni sua parte e rispedito al mittente, preferibilmente con raccomandata con ricevuta di ritorno. Una volta che l'ente in questione avrà preso visione e approvato il rinnovo, ti invierà copia conforme all'originale che tu dovrai provvedere ad affiggere nella tua struttura in un luogo in cui sia facilmente leggibile.

Denominazione della struttura

Il nome della tua struttura non può essere uguale a quello di altre strutture ricettive alberghiere o extralberghiere presenti nel territorio provinciale. È vietato assumere e/o pubblicizzare denominazioni che facciano riferimento ad altre tipologie di strutture ricettive diverse da quella di appartenenza.

Come tu stesso vedi, le norme sono tante e alcune di difficile comprensione. Quello che dovrai preoccuparti di fare, in pratica, è questo:

- prima di tutto contattare un architetto o un geometra iscritto all'albo professionale per far realizzare una planimetria in scala 1:100 oppure 1:50 del locale in cui intendi realizzare il bed and breakfast. Sulla planimetria deve essere posto il timbro del professionista che l'ha realizzata;

- ricorda bene che deve essere presente almeno un bagno in comune accessibile da tutte le camere presenti nella tua struttura. Se hai camere abbastanza grandi per creare bagni interni privati ricorda che devi presentare al comune una rettifica di destinazione;

- successivamente devi contattare un professionista che ti certifichi il corretto funzionamento dell'impianto elettrico e dell'impianto idraulico e, se necessario, dell'impianto di riscaldamento. Ti rilasceranno una certificazione in triplice copia, una delle quali da allegare alla domanda di avvio attività;

L'arredo delle camere

Passiamo ora all'arredo delle camere. Il mio consiglio è quello di creare camere con letti che si possano accostare per formare un letto matrimoniale. Questo per il semplice fatto che ti capiteranno coppie di amici che, ovviamente, non intendono dormire nel letto matrimoniale. Ti dico questo perché, nel mio caso, quando ho acquistato l'arredamento, ho provveduto con reti matrimoniali, doghe matrimoniali, materassi matrimoniali. Me ne sono pentito quasi immediatamente, quando ho cominciato ad avere richieste di camere doppie, anziché matrimoniali.

Per fortuna tutte le mie camere sono più grandi di 20 mq e ho avuto la possibilità di soddisfare questi clienti aggiungendo un letto singolo nella camera. Con questa soluzione un ospite si serve del letto singolo e uno invece nel letto matrimoniale. Con l'estrema felicità di qualcuno di loro. Alla fine non tutti i mali vengono per nuocere.

Mi rendo conto, però, che non tutti dispongono di camere così grandi. Per questo ti ribadisco il consiglio precedente: acquista letti, reti e doghe singole, magari non per tutte le camere, solo per una, così avrai la possibilità di accettare anche le richieste di camere doppie, anziché solo le matrimoniali.

Inoltre, ciascuna camera dovrà avere, per ciascun ospite, un comodino, una presa luce, un punto luce su ogni comodino, una sedia, e poi contenere un tavolino, un armadio e un cestino getta rifiuti. Come ho già detto in precedenza, la normativa in ambito di bed and breakfast varia da regione. In questo capitolo ci siamo finora interessati degli aspetti regolamentati comuni a tutte le regioni.

Vediamo ora in cosa consistono le differenze tra regione e regione. Gli aspetti comuni li abbiamo esplicati precedentemente, qui ci occuperemo solo di ciò che varia rispetto alle regole generali:

Val d'Aosta. In Val d'Aosta la normativa regionale prevede un massimo di tre camere per un massimo di sei posti letto. Inoltre ciascun bed and breakfast, oltre a tale denominazione, deve contenere la dicitura "chambre et petit déjeuner". Ciò sia per la stretta vicinanza con la Francia sia soprattutto perché, principalmente in Val d'Aosta, viene parlato frequentemente sia l'italiano che il francese dalla maggior parte della popolazione locale.

Trentino Alto Adige. Nel Trentino si prevede un massimo di tre camere.

Friuli Venezia Giulia. La normativa friulana in materia di bed and breakfast ha disposto un massimo di tre camere per un totale di posti letto non superiore a sei.

Liguria. Come il Trentino, anche la regione Liguria ha previsto un massimo di tre camere da letto per l'esercizio di bed and breakfast.

Piemonte. In Piemonte, come nella maggior parte delle regioni italiane, sono previste un massimo di tre camere per un numero massimo di sei posti letto. Inoltre un bed and breakfast piemontese, per legge, non può superare i 270 giorni di apertura l'anno. Il Piemonte è poi una delle regioni italiane in cui troviamo la classificazione dei bed and breakfast per categoria, in questo caso dalla categoria 1 alla categoria 4.

Abruzzo. Il numero massimo di stanze deve essere pari a quattro; la massima capacità ricettiva, di dieci posti letto; deve essere presente un apparecchio telefonico a uso pubblico a disposizione degli ospiti in qualsiasi momento della giornata; la permanenza massima non può superare i trenta giorni consecutivi.

Emilia Romagna. In Emilia un bed and breakfast deve essere operativo per 120 giorni l'anno oppure per 500 pernottamenti complessivi.

Veneto. Nel Veneto un bed and breakfast deve essere composto al massimo di tre camere per un numero massimo di sei posti letto.

Lazio. Il numero massimo di stanze deve essere pari a tre e devono essere presenti al massimo sei posti letto. La chiusura dell'attività deve essere di sessanta giorni l'anno, anche non consecutivi. Da pochi mesi è obbligatoria una polizza assicurativa contro gli infortuni domestici.

Lombardia. Al massimo tre camere e sei posti letto. Devono essere presenti come minimo due bagni a disposizione degli ospiti. La pulizia e la sostituzione della biancheria deve essere garantita come minimo tre volte a settimana, mentre ciascun bagno va pulito quotidianamente. Inoltre è obbligatoria una polizza assicurativa contro gli infortuni.

Umbria. La normativa prevede al massimo tre camere per un massimo di otto posti letto. Per quanto riguarda la permanenza massima non deve essere superiore a trenta giorni.

Toscana. Possono essere utilizzate al massimo sei camere per un massimo di dodici posti letto.

Molise. Anche qui possono essere utilizzate al massimo tre camere per un totale massimo di sei posti letto. La permanenza di ciascun ospite non può superare i trenta giorni consecutivi.

Puglia. Il numero massimo di camere deve essere pari a sei, per un massimo di dieci posti letto.

Sicilia. Massimo tre camere a disposizione, numero di posti letto non superiore a dodici. In Sicilia, inoltre, i bed and breakfast sono classificati per categoria, con una, due, o tre stelle. Sono presenti finanziamenti a fondo perduto a favore dei bed and breakfast.

Sardegna. La normativa regionale prevede al massimo tre camere per un massimo di sei posti letto.

Calabria. In Calabria sono consentite al massimo quattro camere per un massimo di otto posti letto. Deve obbligatoriamente essere presente almeno un bagno ogni quattro posti letto. La permanenza massima di ciascun ospite non può superare i sessanta giorni consecutivi. La colazione deve essere costituita esclusivamente da prodotti tipici calabresi. Anche in Calabria sono presenti finanziamenti per i bed and breakfast, che consistono in 5000 euro per ciascun posto letto e comunque non oltre 25.000 euro in conto capitale fino al 50 per cento.

Campania. Anche qui, al massimo tre camere per un massimo di sei posti letto. La permanenza di ciascun ospite non può superare i trenta giorni consecutivi.

Basilicata. Per avviare un bed and breakfast in Basilicata bisogna avere non più di quattro camere per un massimo di otto posti letto. La normativa inoltre stabilisce un limite minimo e massimo di apertura, compreso tra i novanta e i 270 giorni l'anno. Anche in Basilicata esiste la classificazione per categoria, suddivisa in camere *standard* e *comfort*. Previsti finanziamenti a favore dei bed and breakfast.

Marche. Al massimo tre camere per un massimo di sei posti letto. La permanenza di ogni ospite non deve superare i trenta giorni consecutivi. La colazione deve essere costituita da prodotti tipici locali preconfezionati.

RIEPILOGO DEL GIORNO 2:

- SEGRETO n. 5: il primo passo per avviare un bed and breakfast di successo è concentrarsi sulla pianificazione, ovvero produrre una serie di step efficaci che ti consentano di creare un bed and breakfast di successo.

- SEGRETO n. 6: il concetto di costo fisso e il concetto di costo variabile sono di fondamentale importanza al fine della realizzazione della tua attività, ed è importante prenderli in considerazione anche per il futuro dell'attività stessa.

- SEGRETO n. 7: presupposto fondamentale per la creazione di un bed and breakfast è la tua volontà e disponibilità a essere una persona ospitale con delle persone estranee, che trascorreranno un periodo di tempo più o meno consistente in casa tua.

- SEGRETO n. 8: il primo fattore da individuare è cosa hai a disposizione, inteso come tutte quelle abilità, attrezzature, materiali ma soprattutto la struttura di cui disponi e in cui è possibile realizzare il bed and breakfast.

- SEGRETO n. 9: stabilisci con esattezza la cifra in denaro che puoi investire nella tua nuova attività. In base a questa potrai organizzare il tuo lavoro, divenire consapevole di quale servizio puoi offrire e soprattutto capire come sviluppare la tua attività.

GIORNO 3:
Come realizzare l'attività

Nel precedente capitolo abbiamo parlato della pianificazione, delle diverse normative regionali e di come variano alcuni aspetti da regione a regione. Abbiamo visto che tipo di struttura occorre per avviare un bed and breakfast, come devono essere predisposte le camere e, più in generale, il tipo di prodotto che puoi offrire. In questo terzo capitolo ci concentreremo su argomenti più pratici, infatti parleremo della realizzazione vera e propria del bed and breakfast.

È importante aver appreso al meglio tutte le nozioni e i concetti espressi nel capitolo precedente, relativo alla pianificazione, prima di passare alla fase della realizzazione. Per questo, all'inizio dell'ebook, ti dicevo che è dannoso passare a leggere un successivo capitolo senza aver appreso tutti i concetti espressi nel precedente. Questo discorso non vale solo per questi due temi, ma anche per i capitoli a seguire. Bene, iniziamo subito allora. Dopo aver pianificato tutti gli aspetti che ti permettono di realizzare il tuo bed and breakfast, adesso dobbiamo, per così dire, materializzare le tue idee e trasformarle in cose concrete, tangibili.

Nel precedente capitolo c'era una parte dedicata al *cosa hai a disposizione*, che individuava una lista di cose: beni, abilità di cui disponi e che puoi investire nella realizzazione della tua nuova attività. La chiameremo "lista A". Successivamente ti ho indicato una serie di normative, regolamenti, leggi, che precisano quali caratteristiche è necessario che abbia il tuo bed and breakfast affinché ti venga rilasciata l'autorizzazione di inizio attività. Questo elenco lo chiameremo "lista B".

Il primo passo da fare è iniziare con l'eliminare dalla lista B gli elementi presenti nella lista A. In parole povere, devi cancellare dall'elenco guida, fornito dalle varie norme, tutti gli oggetti e le attrezzature di cui già disponi e che puoi investire nella realizzazione del bed and breakfast. Ad esempio, se disponi di due camere doppie/matrimoniali per poter dare inizio alla tua attività, sai che avrai bisogno di due cestini per rifiuti, due letti, due tavolini, quattro comodini, quattro sedie, e così via. Se nella tua lista sono presenti alcune delle attrezzature sopra menzionate (Lista A), cancellale dalla lista delle cose che ti occorrono (Lista B). Prenditi il giusto tempo, anche più di qualche giorno, perché noterai che hai a disposizione attrezzature che possono esserti utili e a cui non hai pensato. Finché si tratta di cuscini non è un problema, ma se parliamo di lavatrici oppure di macchine per il caffè il discorso cambia. Fallo subito e non rimandare.

SEGRETO n. 10: procedi a creare due liste, una contenente tutto ciò di cui avrai bisogno per avviare il tuo bed and breakfast e un'altra in cui scriverai tutto ciò di cui disponi per avviare l'attività. Così facendo ti creerai una prima base su cui lavorare.

Adesso non ci resta che entrare nel dettaglio per apportare modifiche, correzioni o miglioramenti alla lista delle attrezzature di cui necessiti. Le normative regionali ci indicano tutte le attrezzature necessarie e sufficienti affinché ti venga rilasciata l'autorizzazione di inizio attività. Nessuno ti vieta di inserire attrezzature o servizi in più per migliorare la tua struttura. In questa parte del testo ci limiteremo a parlare dei caratteri obbligatori, di quello che ci dicono le norme. Più avanti nella lettura, ci sarà un paragrafo riguardante esclusivamente le attrezzature base e le attrezzature aggiuntive da poter inserire per offrire un servizio in più.

Facendo un esempio: la normativa non prevede la presenza in ciascuna camera di un apparecchio tv, però più o meno tutti sappiamo che si tratta quasi di un servizio base, pressoché obbligatorio, offerto nella stragrande maggioranza degli alberghi, bed and breakfast, agriturismi e via dicendo. È oramai raro trovare una struttura ricettiva che non abbia un televisore in ciascuna camera.

Come dicevo, in questa parte del testo ci limiteremo a trattare le attrezzature base che devono essere presenti. Ecco, di seguito, un breve elenco che discuteremo:

- impianto idrico;
- impianto di riscaldamento/climatizzazione;
- impianto di illuminazione;
- arredo biancheria;

- arredo camere;

- arredo bagni;

- arredo zona colazione;

- arredo locale cucina;

- attrezzature per la gestione.

Arredo camere

La camera di un bed and breakfast, come la camera di qualsiasi albergo, hotel etc., è il luogo della struttura ricettiva in cui una persona passa la maggior parte del tempo quando è in vacanza. Quindi ciascuna camera deve essere arredata in modo tale da fornire ad ogni ospite il giusto comfort. Vediamo come.

Come abbiamo detto, ciascuna camera deve misurare minimo 8 mq se la camera è predisposta per una singola persona, e minimo 14 mq se la camera è doppia/matrimoniale. Inoltre in ogni camera deve essere presente un letto, a seconda della relativa capienza, con i relativi cuscini e tutta la biancheria necessaria, ovvero il coprirete, il copriletto, le lenzuola, i copricuscini etc. Deve poi essere prevista la biancheria da bagno composta da un asciugamano piccolo, un asciugamano grande e un telo da bagno o accappatoio.

Ogni camera deve poi contenere, per ciascun ospite, una sedia, una presa luce, un punto luce, un comodino, nonché un tavolino o uno scrittoio, un armadio, uno specchio, un cestino per i rifiuti. Inoltre deve esserci almeno una finestra o balcone e, qualora essi non siano corredati da oscuratori tipo avvolgibili o tapparelle, vi si dovranno apporre i relativi tendaggi.

Arredo bagni

L'arredo dei bagni è piuttosto semplice. Ogni bagno della struttura, sia che si tratti di bagno in comune con altre stanze sia che si tratti di bagno privato, dovrà rispettare le stesse caratteristiche. Ciascun bagno dovrà contenere un wc, un bidet, un lavandino, una doccia oppure una vasca, il tutto predisposto per l'erogazione di acqua calda e fredda. Dovranno essere presenti i relativi porta asciugamani, i porta accappatoio, un mobiletto da lavandino con relativo specchio, un erogatore di sapone liquido o, in alternativa, alcune piccole saponette confezionate, almeno una per ospite e, a seconda della permanenza, rotoli di carta igienica.

Arredo biancheria

Per quanto riguarda l'arredo biancheria è necessario avere a disposizione:

- asciugamani piccoli;

- asciugamani grandi;

- teli da bagno o accappatoi;

- cuscini;

- lenzuola;

- coperte;

- federe;

- copri cuscini;

- copri rete;

- copri materassi;

- piumoni.

La quantità di biancheria da acquistare varia, come abbiamo precedentemente affermato, in rapporto alla massima capacità ricettiva della struttura. Mi spiego meglio. Se hai tre camere doppie, sai già che, di base, ti occorrono sei cuscini, sei per tre asciugamani, tre federe, tre copriletto, tre piumoni e così via. Il totale dei vari capi di cui disporre non finisce qui, in quanto devi considerare il fatto che gli asciugamani vanno, di buona norma, cambiati ogni giorno e la biancheria da letto sostituita almeno due volte la settimana.

Per avere una scorta sicura, personalmente consiglio di moltiplicare il numero delle camere per sette. Questo totale sarà il giusto quantitativo di arredo per la biancheria di cui devi necessariamente disporre. So che si tratta di un numero elevato di capi, ma ti dico questo perché ti assicuro che gli imprevisti sono davvero tanti, ed è sempre meglio dormire sonni tranquilli sotto questo aspetto. Si possono verificare giornate prolungate di pioggia durante le quali la biancheria non si asciuga o mancanza di erogazione di acqua il che rende impossibile lavare.

Arredo sala colazione

Per quanto riguarda il luogo in cui viene servita la prima colazione, è necessario fare alcune distinzioni. Ci sono strutture che hanno una sala adibita esclusivamente alla prima colazione con un locale cucina privato in cui possono essere conservate le vivande e attrezzata con lavelli, frigorifero, cucina, credenze etc. Ci sono poi strutture che hanno un locale cucina in cui viene servita anche la prima colazione. Ora ti parlerò dell'arredo della sala colazione, successivamente dell'arredo della cucina. Con questo voglio dirti che alcune attrezzature, in questo specifico caso, possono trovarsi indifferentemente nella sala colazione oppure nella cucina, a seconda delle tue scelte.

Per farti un esempio, puoi decidere di posizionare il frigorifero nella sala colazione, se hai spazio sufficiente, così da fornire al cliente un servizio in più, oppure posizionarlo nella cucina. La sala colazione deve essere predisposta per soddisfare la massima capacità ricettiva della tua struttura. Intendo dire che non puoi scegliere di inserire un unico tavolo adatto alle esigenze di due persone se hai una struttura ricettiva che può ospitare, a pieno regime, otto persone.

Infatti, ad esempio, nel caso in cui due persone stiano facendo colazione e altre due escano dalla loro camera per fare altrettanto ti troverai sicuramente in una situazione imbarazzante e a disagio. Sì, perché queste ultime, per fare colazione, dovranno necessariamente aspettare che gli altri ospiti seduti all'unico tavolo si alzino, che tu pulisca e riapparecchi, con l'inevitabile perdita di tempo e, in più, facendo una pessima figura con i tuoi clienti.

Quindi, la sala colazione deve essere attrezzata per soddisfare la massima capienza della tua struttura. Ci tengo a insistere su questo punto affinché tu possa evitare di fare spese inutili, quelle che, purtroppo, io ho fatto. Non voglio che capiti anche a te. Non parliamo solo del caso della sala colazione. Ogni decisione presa, ogni acquisto da effettuare va ponderato e valutato in base alla massima capacità ricettiva della tua struttura.

Per quanto riguarda la prima colazione, in genere, nei bed and breakfast italiani si offre una colazione di tipo continentale, con caffè, latte, tè, cornetti, fette biscottate, succhi, marmellate, cereali, biscotti. Quindi il tavolo della prima colazione dovrà essere predisposto con tazzine, tazze, bicchieri, coltelli, cucchiai, zucchero/dolcificante, piatti piani, piatti fondi, tovaglioli, un frigorifero per bibite fresche.

Arredo cucina
Come abbiamo detto, la cucina è il luogo in cui si prepara la

prima colazione e, in molti casi, è anche il luogo in cui viene servita. Le varie normative non ci offrono riferimenti in merito alle attrezzature che devono essere presenti in cucina, ma tutti i bed and breakfast sono attrezzati più o meno allo stesso modo, ovvero:

- un piano cottura per la preparazione di bevande calde;

- un microonde per riscaldare i cornetti;

- dei lavelli per lavare le posate, le tazze, i bicchieri;

- delle credenze per riporre le vivande;

- un frigorifero per conservare prodotti freschi come il latte, il burro, le marmellate.

Gli impianti

Per presentare la domanda di avvio attività, è necessario documentare l'idonea funzionalità di tutti gli impianti della casa, ovvero: l'impianto idrico, l'impianto elettrico e, qualora sia presente, l'impianto di riscaldamento. Le documentazioni relative all'impianto idrico e dell'impianto elettrico sono obbligatorie, mentre la documentazione dell'impianto di riscaldamento è necessaria qualora la tua attività si concentri in periodi invernali in cui debbano funzionare i riscaldamenti. Vediamo più nel dettaglio le particolarità relative ai vari impianti.

Impianto idrico

Deve essere omologato all'inizio attività da un tecnico registrato all'albo, ad esempio un idraulico e, successivamente, controllato una volta l'anno. L'omologazione dell'impianto idrico è necessaria per denotare perdite di acqua nelle tubazioni, carenze di portata con tutti i flussi aperti, sbalzi di temperatura.

Impianto elettrico

Come per l'impianto idrico, l'impianto elettrico deve essere omologato da un tecnico iscritto all'albo a inizio attività e, successivamente, è sufficiente un controllo l'anno. L'omologazione dell'impianto elettrico è più complicata rispetto a quella dell'impianto idrico, in quanto le varie normative prevedono per ciascuna camera:

- almeno un punto luce per ospite;
- almeno una presa luce per ospite;
- preferibilmente una tv in ciascuna camera, con digitale terrestre;
- una presa phon in ciascun bagno;

- una chiamata d'allarme in ciascun bagno.

Se le camere o i bagni non sono già predisposti in questi termini, sarà necessario effettuare piccoli lavori di muratura per poter eseguire delle tracce in cui far passare i collegamenti elettrici. Inoltre è importante che il tecnico verifichi la corretta e funzionale messa a terra in tutta la struttura.

Impianto di riscaldamento

L'omologazione dell'impianto di riscaldamento è facoltativa, in quanto è subordinata a determinate scelte. Va fatta se la tua attività è operativa in periodi invernali in cui debbano essere funzionanti gli impianti di riscaldamento a gas, ad esempio termosifoni. In questo caso dovranno essere omologate sia le apparecchiature di erogazione, sia la caldaia.

Per ovviare a tutto questo, si può decidere di istallare impianti di climatizzazione a doppia funzione, per generare una temperatura calda durante l'inverno e una temperatura fresca l'estate. Se invece decidi che il tuo bed and breakfast resterà aperto, ad esempio, da inizio maggio a fine settembre, ad esempio, non sarà per te obbligatoria la conformità dell'impianto di riscaldamento.

Attrezzature per la gestione

Questo aspetto è abbastanza soggettivo, in quanto ognuno di noi ha diversi modi di organizzare la propria attività. Ora ti elencherò alcune attrezzature secondo me indispensabili e fondamentali, di cui non potresti proprio fare a meno:

- un telefono cellulare;

- una nuova SIM con un numero esclusivo per il bed and breakfast;

- un computer;

- una stampante;

- un collegamento internet;

- un conto corrente bancario o postale;

- un timbro della tua attività.

Questi sette elementi sono indispensabili per la gestione del bed and breakfast. La gestione è trattata in modo esauriente nel prossimo capitolo dell'ebook, ora ci limiteremo a elencare e a spiegare cosa ci occorre e perché. Un telefono cellulare con una nuova carta SIM. Potresti chiedermi: «Perché d'ora in avanti dovrò andare in giro con due telefonini, il mio più quello dedicato al bed and breakfast? Non posso utilizzare, per il bed and breakfast, il numero che già possiedo?» La risposta è: categoricamente *no*.

Devi iniziare a scindere la tua vita privata dalla tua attività. I motivi sono molti. Ad esempio, adottando un numero di telefono esclusivo per la tua attività, puoi decidere di rispondere in modo diverso, proprio come faccio io, dicendo: «Bed and breakfast, buongiorno.» Conferirai, così, al contatto con il cliente un tono più professionale, proprio come si usa negli alberghi.

Io ho iniziato la mia attività utilizzando il mio numero di telefono privato per ricevere le telefonate di informazioni da parte dei clienti. Mi sono trovato male: non sapevo come rispondere. Inoltre, nel cercare il piano mensile delle prenotazioni, mi trovavo a perdere tempo durante le telefonate. Dopo qualche mese ho deciso di utilizzare un numero di cellulare esclusivamente per il bed and breakfast e non ti nascondo che le cose sono andate da subito meglio anche se mi trovavo a disagio nel rispondere a dei potenziali clienti. Ho provato tanti modi di rispondere al telefono, dal semplice: «Sì, pronto?», al «Buongiorno, mi dica.» Oramai sono più di due anni che utilizzo sempre lo stesso metodo e noto, a differenza di prima, un comportamento differente delle persone dall'altro capo del telefono.

Il modo migliore di rispondere è dire: «Nome della tua struttura Bed and Breakfast, buongiorno.» Se non mi credi, prova tu stesso. Per un periodo inizia a rispondere dicendo semplicemente: «Sì, pronto?» e nota come ti si rivolge la gente, come ti parla; dopo qualche settimana cambia, e prova con: «Nome della tua struttura Bed and Breakfast, buongiorno.», e nota la differenza.

SEGRETO n. 11: attiva un numero telefonico esclusivo per la tua attività, in modo tale da poter scindere la tua vita privata da quella professionale, e cerca di utilizzare un tono professionale quando ricevi delle telefonate.

Se vuoi, puoi decidere di utilizzare, a favore del tuo bed and breakfast, anche il tuo abituale numero fisso, ma si tratta di una decisione puramente soggettiva. Se trascorri molto tempo a casa, oppure c'è sempre qualcuno che può rispondere al telefono e accettare le prenotazioni, puoi decidere di utilizzare il numero fisso. Se invece trascorri poco tempo a casa, ad esempio ci sei solo la sera e durante il resto della giornata non c'è nessuno, ti consiglio di utilizzare esclusivamente il cellulare.

Ti voglio avvisare di un aspetto importante per quanto riguarda l'utilizzo di un telefono fisso per l'attività. Ipotizziamo che tu decida di utilizzare due numeri telefonici per la tua attività: un cellulare che porterai sempre con te e un numero fisso di casa dove, ad esempio, c'è sempre tua moglie. Può capitare tranquillamente l'accavallarsi delle prenotazioni, specie in periodi di alta stagione. Per questo ti consiglio ulteriormente di fare in modo che sia sempre la stessa persona a occuparsi delle prenotazioni.

Per quanto riguarda il computer, puoi star tranquillo: non ho detto che lo devi acquistare. Ma è fondamentale che tu abbia accesso a un computer collegato in rete almeno una volta al giorno. Questo per consentirti di controllare la posta elettronica del bed and breakfast, per controllare se hai ricevuto richieste di informazioni, prenotazioni, versamenti sul conto corrente a garanzia delle prenotazioni.

È importante controllare la posta elettronica almeno una volta al giorno, ma, in particolare, ti consiglio di controllarla in tre momenti precisi della giornata se ti è possibile, ovvero:

- dalle 10 di mattina fino alle 12;
- dalle 15 alle 17;
- dalle 19 alle 21.

Infatti, da quando gestisco il mio bed and breakfast ho notato che la posta elettronica riguardante richiesta di informazioni o prenotazioni arriva presso la mia casella email in questi orari. Il perché si può facilmente dedurre. Le persone navigano su internet durante un tempo morto del proprio lavoro, sia di mattina che di pomeriggio, oppure appena rientrano a casa e dopo aver parlato con il compagno/compagna. In base a queste informazioni, ti consiglio di controllare la posta elettronica due-tre volte al giorno e, se proprio non puoi, è sufficiente una volta al giorno.

Dovrai anche poter disporre di una stampante, niente di eccessivo e costoso, basta una modello semplice per poter realizzare un piano di prenotazioni mensile, i piani di dettaglio per ciascun cliente riguardo il periodo di permanenza, il costo totale, l'eventuale acconto. Lo trovi in allegato.

Il conto corrente lo considero quasi fondamentale per questa attività. Ti confesso che per i primi mesi non disponevo di un conto corrente, quindi avevo difficoltà nel ricevere gli anticipi sulle prenotazioni. Ricorda bene: su dieci persone che prenotano senza versare un anticipo sulla prenotazione, quattro non verranno mai presso la tua struttura. Se permetti alle persone di prenotare presso il tuo bed and breakfast senza offrire una garanzia monetaria, corri il forte rischio che molte di esse non si presentino. I fattori possono essere diversi: c'è chi lo fa perché cambia idea, chi perché, magari, durante il periodo scelto si prospetta cattivo tempo.

Insomma, il fattore comune è il fatto di non essere vincolati. Anche l'aver dato 20 euro di acconto per confermare la prenotazione implica l'arrivo dell'ospite presso la tua struttura. Accettare le prenotazioni senza chiedere il versamento di un anticipo significa il sicuro fallimento. Ma ci occuperemo di questo aspetto nel capitolo successivo.

Tornando alla necessità del conto corrente, vi sono molte soluzioni da poter sperimentare. Diversi istituti di credito offrono conti correnti a costi molto bassi. Ad esempio se sei un giovane di non più di ventisette anni, oppure di non più di trent'anni, oppure se richiedi un numero limitato di operazioni. Inoltre non è necessario versare molto denaro per aprire un conto corrente, bastano anche 50 euro.

Infine devi provvedere a realizzare un timbro per la tua attività, nel quale dovrai inserire il nome della struttura, la città e la via dell'ubicazione e il numero di telefono; inoltre, da qualche mese, è obbligatorio inserire il codice fiscale del gestore del bed and breakfast. Dovrai utilizzare il timbro per diversi motivi: innanzitutto per le ricevute fiscali che dovrai emettere ai tuoi clienti, per le ricevute che dovrai consegnare alla polizia e per gli acquisti che dovrai effettuare. Ne parleremo approfonditamente nel prossimo capitolo.

Il regolamento interno
Ciascuna comunità, anche composta di pochi soggetti, ha bisogno di leggi per poter vivere. Il bed and breakfast è un luogo in cui si

ritrovano persone che possono arrivare da tutta l'Italia, o da diverse parti del mondo, ognuna abituata a certi ritmi, a determinati comportamenti nel modo abituale di vivere. Se ognuno fa ciò che vuole, come risultato si ottiene solo disordine. È importante per questo creare un regolamento interno, delle piccole e semplici leggi da rispettare, che permettano il quieto vivere di tutti gli ospiti presenti all'interno della tua struttura.

Innanzitutto tale regolamento deve essere chiaro: le tue disposizioni non devono essere fraintese, e nessuno deve poterti dire che determinati comportamenti sono consentiti perché non vietati. Un buon regolamento interno, affinché sia efficace, deve contenere determinati aspetti. Vediamo insieme quali sono.

Disturbi agli ospiti della struttura
Nel regolamento, inserisci una frase come: «È assolutamente vietato disturbare gli altri ospiti della struttura durante la giornata e soprattutto durante le ore notturne; in caso si verifichino tali situazioni la direzione si riserva l'allontanamento dalla struttura delle persone responsabili.» Ogni ospite deve essere a conoscenza del fatto che, in caso di comportamenti non adeguati e alla prima

lamentela di altri ospiti, verrà allontanato dalla struttura.

L'orario della prima colazione

Aspetto importante. Devi stabilire un orario in cui gli ospiti possono fruire del servizio di prima colazione. Puoi, ad esempio, scrivere: «La prima colazione è servita nella sala colazione dalle ore 7 alle ore 10 del mattino. Prima e dopo tale fascia oraria non è garantito il servizio di prima colazione.» Grazie a questa frase, gli ospiti sanno che se arrivano nella sala colazione alle 10,10, non hanno diritto alla prima colazione. Grossomodo tutte le strutture ricettive servono la colazione tra le 7 e le 10 del mattino.

Il giorno della partenza

È importante stabilire un orario in cui gli ospiti devono lasciare la camera nel giorno della loro partenza. Deve trattarsi di un orario comodo, sia per l'ospite che deve lasciare la stanza, sia per te che devi provvedere alla pulizia nel caso sia previsto l'arrivo, nella medesima giornata, di altri ospiti. In genere tale orario si sceglie in base alla fascia oraria stabilita per la prima colazione. Se lasci fare colazione dalle 7 alle 10 del mattino, in genere devi poi dare all'ospite una buona mezz'ora dopo tale orario affinché si prepari e lasci la stanza. Quindi, se l'orario di colazione termina alle 10, dovrai dare ai clienti la possibilità di lasciare la stanza per le 10,30-11.

Potresti scrivere nel regolamento: «La stanza deve essere liberata al massimo entro le ore 11 del giorno di partenza. Dopo tale orario verrà addebitato il costo di un ulteriore giorno di permanenza presso la struttura.» So che si tratta di una frase poco gradevole, ma è necessario inserirla proprio in questi termini affinché l'ospite la rispetti. Personalmente ho trovato scritte questo genere di frasi grossomodo in tutti gli alberghi in cui ho soggiornato negli ultimi anni.

Urgenze/emergenze

Nel regolamento interno è consigliabile inserire un numero di telefono al quale è possibile chiamare ventiquattr'ore su ventiquattro per qualsiasi urgenza o emergenza. Immagina di trovarti in una città che non conosci e di pernottare da solo in una struttura. All'improvviso, di notte, hai un malore. Ovviamente sei in preda al panico, non sai cosa fare, chi poter chiamare. Per questo è importante inserire nel regolamento interno, che va affisso in ciascuna camera dietro la porta, un numero telefonico a cui riferirsi in caso di urgenze o emergenze.

Ancor più importante è comunicarlo all'arrivo di ciascun ospite, informarlo che sul regolamento interno affisso nella propria camera, c'è un numero di telefono a cui può rivolgersi di giorno per qualsiasi informazione e di notte in caso di necessità. Voglio sottolineare il fatto che non si tratta di un aspetto obbligatorio. Ma personalmente ti consiglio di farlo.

A conforto di ciò, ci tengo a raccontarti cosa mi è accaduto quest'estate. Due ragazze di circa venticinque anni prenotarono presso la mia struttura per una settimana. Una notte, durante il loro soggiorno, mi telefonò una delle due ragazze dicendomi che l'amica stava avendo una crisi respiratoria: in pratica aveva avuto un attacco di asma. Mi precipitai portando con me alcune pasticche di cortisone (anch'io soffro di asma) e poi le accompagnai con la mia automobile al pronto soccorso.

Non so cosa sarebbe successo se non fosse stata mia abitudine tenere il telefono del bed and breakfast acceso anche di notte. Ti ripeto, non si tratta di un aspetto obbligatorio, ma te lo consiglio caldamente. Sul regolamento interno potresti scrivere: «Per qualsiasi emergenza, nelle ore notturne potete contattare il numero xxx/xxx xxxx.» Ti assicuro che verrai apprezzato anche per questo.

Se vuoi proprio essere il più efficiente possibile, ti consiglio di creare una rubrica telefonica con i numeri telefonici di emergenza relativi alla tua città o alla tua zona da affiggere, ad esempio, nella sala colazione. Puoi inserirvi il numero diretto dei Carabinieri, della Polizia, dei Vigili del Fuoco, dell'Ospedale più vicino, della Guardia Medica, nonché aggiungere informazioni importanti: ad esempio riportare quale farmacia è aperta nelle ore notturne, la relativa ubicazione e numero telefonico.

SEGRETO n. 12: crea un buon regolamento interno per fare in modo che la vita nel tuo bed and breakfast scorra il più tranquillamente possibile e soprattutto senza problemi tra i diversi ospiti presenti nella tua struttura.

Conoscere la concorrenza

Cosa vuol dire "conoscere la concorrenza"? Sta a significare che da questo momento in avanti devi diventare un esperto di tutte le strutture ricettive della tua zona. Devi conoscerne l'ubicazione, il tariffario, i servizi che offrono, i periodi di apertura, le offerte che propongono, tutto insomma.

Informarti sulla concorrenza sarà molto utile e necessario perché ti permetterà, successivamente, di stabilire il tuo tariffario. Farlo senza passare da questo step non ti garantirà il successo che merita la tua struttura. Si tratta di un aspetto allo stesso tempo molto importante quanto delicato. Se non si procede con il giusto metodo, si rischia di fare una confusione tale da non garantire un risultato soddisfacente. Semplicemente voglio farti capire che se vuoi essere il più competitivo possibile sul mercato, devi sapere, conoscere alla perfezione cosa offre il mercato, in questo caso nel settore delle strutture ricettive.

Come fare a sapere cosa offre il mercato? La risposta è molto semplice ma risulterà altrettanto difficile riuscire a creare un database di dati che ti permetterà di comprendere effettivamente che tipo di concorrenza è presente sul territorio e quali siano i punti di forza per ogni struttura.

Bisogna, come prima cosa, fare una distinzione relativa all'offerta di mercato. A tal proposito, devi comprendere che esistono diversi tipi di strutture concorrenti. Vediamo meglio quali:

- strutture concorrenti parallele, ovvero i bed and breakfast;
- strutture concorrenti di altra natura, che si dividono in: affittacamere, campeggi, case vacanze, ostelli, residence, alberghi, alberghi diffusi, agriturismi, grand hotel, resort.

Ma perché è così importante essere a conoscenza di tutte queste informazioni? È fondamentale, oserei dire vitale, conoscere le strutture concorrenti e i servizi che la maggior parte della concorrenza offre per poter, come già detto, meglio definire il tipo di servizi da offrire e i prezzi da praticare. Ciò che devi fare è proprio renderti conto della realtà che ti circonda in termini di strutture ricettive.

Lo strumento che meglio si adatta a offrire risposte a queste domande è internet. Oggi internet ci permette di fare cose che solo qualche anno fa ritenevamo impossibili. Ricordo quando avevo all'incirca tredici anni. All'epoca frequentavo le scuole medie. La professoressa di italiano ci chiedeva in continuazione ricerche sui poeti e, per svolgerle, ero costretto ad andare, più di una volta a settimana, in biblioteca.

All'epoca non avevo lo scooter, la biblioteca era molto distante da casa mia, senza parlare del disagio che pativo in caso di giornate di pioggia. Oggi basta avere un computer e un collegamento a internet, e si fa tutto da casa. Il risparmio di tempo è davvero notevole. Tornando alle nostre ricerche, senza internet ci vorrebbero dei mesi per trovare tutte le informazioni di cui abbiamo bisogno. Ma ora entriamo nel pratico.

Iniziamo con le strutture concorrenti parallele, ovvero i bed and breakfast. È importante sapere che la normativa nazionale non prevede una distinzione di categoria per i bed and breakfast, tranne che in alcune regioni d'Italia. Voglio dire che non esistono, almeno per il momento, a livello nazionale, bed and breakfast a tre stelle e bed and breakfast a cinque stelle. Tutti i bed and breakfast sono considerati equiparati. C'è bisogno, però, di fare una distinzione tra i vari bed and breakfast, e, in base a questa, decidere il tariffario da applicare.

Quale distinzione è possibile effettuare tra i vari bed and breakfast? La distinzione principale che si attua in Italia è data dalla presenza o meno del bagno in camera. Questo perché la struttura ospitante il bed and breakfast, nel 95 per cento dei casi, non è costruita a monte per questo scopo, ma nasce come abitazione familiare. In genere tali abitazioni presentano uno, massimo due bagni all'interno; esistono, ad esempio, abitazioni che hanno un bagno nella camera matrimoniale e un bagno ubicato nel corridoio. Sono poche le abitazioni costruite con un bagno in ciascuna camera, però ce ne sono diverse.

Insomma, le possibilità sono tante, ma la distinzione principale da applicare riguarda la presenza o meno del bagno privato in camera. Questa è la prima caratteristica da verificare. Se hai tre camere e un bagno in comune cerca innanzitutto bed and breakfast che presentino queste medesime caratteristiche. Se disponi di due camere, ciascuna con bagno privato interno, cerca bed and breakfast che abbiano caratteristiche simili. A seconda del tipo di struttura, simile alla tua, scopri prima di tutto cosa queste strutture offrono: i servizi che somministrano, il tariffario che impongono, il modo in cui gestiscono la prima colazione, come sono composte le camere. Tutto, insomma.

Inizia prima di tutto con i bed and breakfast ubicati vicino alla tua zona di interesse, poi con quelli sempre più distanti. Il mio consiglio è quello di riportare questi dati su un foglio Excel, con nome della struttura, ubicazione, servizi, prezzi etc. Poi confronta il tutto. Questo ti servirà soprattutto per orientarti sul tariffario da applicare.

Non appena avrai terminato questo passo, devi passare a considerare i bed and breakfast della categoria opposta. Ad esempio, se stai creando un bed and breakfast che dispone, per ciascuna camera, di un bagno privato interno, dopo aver valutato e confrontato i bed and breakfast con questa caratteristica, devi cercare ed elencare i bed and breakfast che presentano il bagno in comune esterno. Controlla il tariffario, l'ubicazione, i servizi offerti, la gestione della prima colazione. Tutto. Riporta sempre il tutto sul foglio Excel. Anche in questo caso, comincia con le strutture vicine alla tua zona e prosegui, man mano, con quelle più lontane.

Questo è il passo più importante: stai cominciano a capire cosa offre il mercato. Una volta terminata questa fase, devi passare a prendere in considerazione le altre strutture ricettive, a partire da quelle più simili a un bed and breakfast fino ad arrivare a quelle più diverse. Per essere più chiaro, devi prendere in esame, nel seguente ordine: affittacamere, agriturismi, alberghi diffusi, case vacanze, residence, ostelli, alberghi e grand hotel. In questo caso non prendere in considerazione i servizi di cui dispone un grand hotel oppure un residence. Concentrati soprattutto su affittacamere, agriturismi e alberghi diffusi o, meglio, su quelle strutture che ti sembra offrano un servizio simile al tuo.

Questa sorta di "censimento", ti serve per comprendere la capacità ricettiva della tua zona e scoprire cosa offre ciascuna attività e a quali costi. Io ho fatto proprio così. Ho navigato per una intera giornata su internet e ho cercato, come prima cosa, tutti i bed and breakfast della mia zona, poi tutti quelli presenti nella mia città, e infine anche quelli presenti nelle città limitrofe. Li ho cercati uno a uno su internet. Poi ho cominciato a scartare quelli che offrivano servizi inferiori rispetto al mio, e ho cercato di creare una lista di potenziali concorrenti che comprendeva bed and breakfast con qualità molto simili al mio, agriturismi e affittacamere compresi. Con questa lista ho poi stabilito il tariffario, prendendo come linea guida i tariffari delle strutture prima menzionate.

SEGRETO n. 13: è importante, per te, venire a conoscenza di tutte le caratteristiche di cui dispongono le strutture ricettive concorrenti. Inizia a scoprire il numero di bed and breakfast presenti nella tua zona, cosa offrono e a che prezzo. Poi fai lo stesso con altre forme di attività, quali agriturismi e affittacamere.

Un fattore che va a influire sensibilmente sul proprio tariffario, come abbiamo più volte affermato, è l'ubicazione. Posso avere un bed and breakfast stupendo, camere ampie e spaziose, bagno in ciascuna camera con idromassaggio, prezzi vantaggiosi, tanti servizi a disposizione dei clienti, ma se è ubicato in angolo remoto del pianeta, difficile da raggiungere, isolato e mal collegato con i mezzi pubblici, bisognerà davvero lavorare duro per rendere produttiva tale attività.

L'ubicazione è un fattore molto importante a cui pensare. Nella stesura del tuo tariffario è necessario farvi riferimento, verificare le eventuali ubicazioni delle strutture concorrenti, se sono ben collegate con il trasporto pubblico, se si trovano nel centro urbano, oppure vicino al mare, e così via. Passiamo ora a interessarci del prezzario.

Stabilire il proprio tariffario

Abbiamo precedentemente detto che i prezzi da applicare vanno stabiliti in base a diversi fattori. Elenchiamoli:

- ubicazione della struttura;
- tariffario strutture concorrenti parallele;
- tariffario strutture concorrenti di altra natura.

Esplichiamoli ora uno per uno per poter strutturare correttamente il tuo prezzario.

Ubicazione della struttura

L'ubicazione della struttura è il fattore determinante, quello più importante da prendere in considerazione nella definizione dei prezzi da applicare. Non mi stancherò mai di dirlo: se hai una struttura posizionata nel centro di una città e ben collegata con i mezzi pubblici, sicuramente stiamo già parlando di una struttura di successo, che non farà fatica a emergere. Al contrario, se la tua struttura è localizzata in un luogo di periferia, difficile da raggiungere, si dovrà trovare un modo, una strategia per poter attrarre clientela. Ad esempio potresti garantire, in alcuni orari della giornata, un servizio navetta per e da il centro città.

Tariffario strutture concorrenti parallele

Il secondo aspetto da prendere in considerazione riguarda il confrontare i vari tariffari delle strutture concorrenti dirette, ovvero i bed and breakfast che hanno caratteristiche simili alla tua attività. Come precedentemente detto, tali caratteristiche consistono in: bagno privato/in comune, servizio colazione, arredo camere, ma soprattutto l'ubicazione. Come vedi, il discorso relativo all'ubicazione viene richiamato anche sotto questo aspetto, infatti, come prima cosa, devi notare se ci sono strutture che hanno caratteristiche di localizzazione simili alla tua. In sostanza, se hai un bed and breakfast nel centro storico di un paese, prima di tutto devi confrontare altri bed and breakfast ubicati nel centro storico: non è sempre detto che ci siano strutture con le stesse caratteristiche della tua.

Tariffario strutture concorrenti di altra natura

Come ultimo aspetto, devi valutare le strutture concorrenti indirette. Concentrati, però, soprattutto su agriturismi e affittacamere. Questo perché, nel 90 per cento dei casi, una persona che desidera prenotare una vacanza è già orientata sul tipo di struttura di cui vuole servirsi. In fondo si tratta di un aspetto fisiologico. Se vuoi trascorrere qualche giorno di vacanza, senza considerare il luogo, sai già orientativamente se vuoi servirti di un hotel a cinque stelle oppure di un bed and breakfast. Per questo ti consiglio di focalizzarti sul tariffario di agriturismi e di affittacamere, perché si tratta di strutture molto simili e molto vicine al bed and breakfast come servizi e tariffe. Non occorre dirlo ma lo faccio comunque: anche in questo caso è importante prendere in considerazione l'ubicazione. So che si tratta di un lavoro lungo, ma credimi, se lo eseguirai esattamente come lo stai leggendo, passo dopo passo, senza saltare o dare poca importanza a un solo di questi aspetti, alla fine non potrai fare a meno di ringraziarmi per averlo fatto.

Bene, ora dovresti conoscere alla perfezione quali strutture concorrenti con caratteristiche simili alla tua sono ubicate nella tua zona di interesse, quali strutture concorrenti indirette simili alla tua sono presenti nella medesima zona e, per entrambi i casi, che tariffari offrono. Procediamo ora con lo stabilire il nostro piano dei prezzi.

Il tuo tariffario

Come avrai notato nell'osservare le tariffe di altre strutture, tutte le attività ricettive praticano una distinzione di prezzo a seconda del periodo dell'anno. La distinzione minima che si pratica è "alta stagione" e "bassa stagione". I prezzi relativi all'alta stagione saranno più alti dei prezzi relativi a periodi di bassa stagione. Ma cosa vuol dire "alta stagione" e "bassa stagione"?

Alta stagione sta a indicare un periodo dell'anno, che può essere un mese, una stagione, un semestre, in cui è previsto il maggior flusso di clienti. Di conseguenza, per massimizzare il profitto, in quel periodo i prezzi saranno più elevati rispetto a quelli relativi a periodi di bassa stagione. La bassa stagione indica, al contrario, un periodo dell'anno in cui il flusso clienti non è importante, per questo si preferisce ridurre i prezzi per attrarre clientela.

Stabilire il periodo di alta stagione e di bassa stagione nella propria città non è per nulla difficile. Te lo spiego con un esempio. Se la tua attività ricettiva è localizzata in alta montagna, zona in cui, in inverno, sono previsti flussi considerevoli di turisti che amano la neve, è chiaro che, in questo caso, il periodo invernale sarà un periodo di alta stagione, quindi i prezzi delle strutture ricettive saranno prezzi considerevoli. Al contrario, se il tuo bed and breakfast è ubicato in una zona turistica relativamente vicina al mare, si evince che, in questo caso, l'estate è il periodo di alta stagione.

Queste due distinzioni temporali, alta stagione e bassa stagione, sono le principali che la maggior parte delle strutture ricettive, non solo bed and breakfast, applica. Ci sono poi strutture che intervengono su queste due distinzioni, operando all'interno di una, oppure di entrambi, una ulteriore distinzione. Facciamo un esempio. Ipotizziamo che la tua struttura sia ubicata in una località sul mare, in questo caso, l'estate sarà il periodo di alta stagione.

Se l'estate, quindi generalmente i mesi di giugno, luglio, agosto e settembre, sono i mesi di alta stagione, inevitabilmente da settembre a maggio si parlerà di bassa stagione: ben otto mesi su dodici. Per colmare questo gap, questa differenza notevole tra i due periodi, si può decidere di intervenire. E come? Scindendo il periodo di bassa stagione in due sottoperiodi. Ad esempio considerare il mese di ottobre e il mese di maggio come periodi di mezzo, e di conseguenza poter stabilire dei prezzi che si trovino a metà tra quelli applicati durante l'alta stagione e quelli applicati durante la bassa stagione.

Esemplifichiamo. Decidiamo di applicare in alta stagione per una camera doppia il prezzo di 90 euro al giorno. Poi stabiliamo che la stessa camera doppia, in bassa stagione, ha un costo quotidiano di 50 euro. Volendo scindere il periodo di bassa stagione per incrementare i profitti, possiamo stabilire, ad esempio, che il costo della camera doppia durante il mese di maggio e ottobre è di 70 euro al giorno.

A mio parere, operare un'ulteriore separazione all'interno dei due periodi significa inevitabilmente incrementare i profitti. Come concetto non è difficile da comprendere, è abbastanza intuitivo. Ad esempio, andare in vacanza in Sardegna a gennaio è ben diverso che andare in vacanza, sempre in Sardegna, a maggio. Puoi già fare il bagno in mare se fa abbastanza caldo, ci sono meno probabilità di pioggia, viaggia più gente, fa meno freddo, la città stessa ha più servizi da offrire.

Quindi è altamente consigliabile operare una ulteriore suddivisione all'interno di uno dei due periodi. È proprio quello che faccio io. Il mio tariffario è suddiviso proprio in questo modo. Te ne parlerò in maniera completa nel capitolo finale. Ci sono poi strutture, in genere grandi alberghi o resort, che praticano suddivisioni di prezzo persino all'interno di uno stesso mese.

Ad esempio nel mese di agosto possiamo trovare un primo prezzo per la prima settimana, un secondo prezzo più elevato nella settimana precedente e in quella successiva al ferragosto, e un ulteriore prezzo, più basso questa volta, nell'ultima settimana del mese. Questo serve per poter massimizzare i profitti. Io non sono molto d'accordo con l'impiego di questa pratica o, meglio, non sono d'accordo nell'applicarla al tariffario di un bed and breakfast in quanto potrebbe risultare di difficile gestione. Avendo un bed and breakfast è più che sufficiente adottare la triplice distinzione dei periodi.

SEGRETO n. 14: nel realizzare il tuo tariffario tieni sempre presente l'opportunità di suddividerlo anticipatamente in periodo di alta stagione e periodo di bassa stagione. Come consiglio, ti invito a operare una sottodivisione nel periodo più lungo così da creare un periodo temporale in cui i prezzi saranno a metà tra i due vecchi macroperiodi.

Un aspetto importante da ricordare: la legge prevede che i prezzi da applicare sono liberamente scelti dal gestore, con alcune eccezioni stabilite dal Decreto del Ministro del Turismo del 16 ottobre 1991. Secondo tale decreto, infatti, è fatto divieto al gestore dell'attività ricettiva di applicare prezzi superiori ai massimi o inferiori ai minimi, a eccezione di alcuni casi, quali gruppi organizzati composti di almeno dieci persone, bambini di età pari o inferiore ai sei anni, ospiti che pernotteranno presso la struttura per un periodo continuativo e senza interruzione pari o superiore a quindici giorni. In questi casi è fatto obbligo al gestore di applicare prezzi non compresi nel listino approvato dal SUAP o dall'APT territoriale.

RIEPILOGO DEL GIORNO 3:

- SEGRETO n. 10: procedi a creare due liste, una contenente tutto ciò di cui avrai bisogno per avviare il tuo bed and breakfast e un'altra in cui scriverai tutto ciò di cui disponi per avviare l'attività. Così facendo ti creerai una prima base su cui lavorare.

- SEGRETO n. 11: attiva un numero telefonico esclusivo per la tua attività, in modo tale da poter scindere la tua vita privata da quella professionale, e cerca di utilizzare un tono professionale quando ricevi delle telefonate.

- SEGRETO n. 12: crea un buon regolamento interno per fare in modo che la vita nel tuo bed and breakfast scorra il più tranquillamente possibile e soprattutto senza problemi tra i diversi ospiti presenti nella tua struttura.

- SEGRETO n. 13: è importante, per te, venire a conoscenza di tutte le caratteristiche di cui dispongono le strutture ricettive concorrenti. Inizia a scoprire il numero di bed and breakfast presenti nella tua zona, cosa offrono e a che prezzo. Poi fai lo stesso con altre forme di attività, quali agriturismi e affittacamere.

- SEGRETO n. 14: nel realizzare il tuo tariffario tieni sempre presente l'opportunità di suddividerlo anticipatamente in periodo di alta stagione e periodo di bassa stagione. Come consiglio, ti invito a operare una sottodivisione nel periodo più lungo così da creare un periodo temporale in cui i prezzi saranno a metà tra i due vecchi macroperiodi.

GIORNO 4:

Come gestire e organizzare il lavoro

Questo quarto capitolo, riguardante la gestione di un bed and breakfast, è il più importante dell'ebook. Infatti potrai leggere tutte le riviste, tutti i libri che hanno come argomento comune il bed and breakfast, ma quasi nessuno di questi ti indicherà le strategie di gestione dell'attività in questione. Per poterti parlare di queste strategie bisogna aver fatto anni di pratica sul campo, commettere errori e risolverli nel tempo. In sostanza, occorre esser riusciti a gestire ottimamente questa attività.

Io ho cercato, in passato, argomenti che trattassero la gestione del bed and breakfast. Ho provato a rintracciare informazioni su internet, acquistato dei libri, ma il materiale che ho trovato non bastava, non era sufficiente a rispondere alle mie esigenze. A quel punto ho pensato che l'unico modo per conoscere le strategie di gestione era la sperimentazione. Vista la scarsa documentazione relativa alle tecniche di gestione in materia di bed and breakfast a disposizione sul mercato, decisi che mi sarei basato sulla mia esperienza. E così feci. Sperimentai. Sperimentai su tutto. Dalla gestione di ciascuna telefonata all'accoglienza, dalla organizzazione delle richieste via email ai pagamenti. Non ti nascondo che fu tutto molto difficile. Impiegai circa due anni e mezzo per riuscire a organizzare e gestire la mia attività nel migliore dei modi.

Ho deciso di inserire in questo ebook tutte le strategie che ho utilizzato in passato e che tuttora continuo a utilizzare. Non ho inserito solo le strategie che funzionano, ma anche alcune delle strategie gestionali che ho utilizzato e che non hanno portato ai risultati sperati, cosicché portai renderti conto da solo e capire il perché alcune strategie funzionano e altre meno. Ma procediamo con ordine: occupiamoci, come prima cosa, della gestione di una telefonata.

La telefonata di richiesta informazioni

Cominciamo con il precisare che nel terzo capitolo, riguardante la realizzazione del bed and breakfast, ti ho informato dei buoni motivi per cui è necessario, a tuo vantaggio, possedere un numero telefonico dedicato esclusivamente al bed and breakfast. Come ti dicevo, è opportuno che tu lo faccia sia perché è bene iniziare a scindere la tua vita privata dal tuo nuovo lavoro; sia perché, avendo un numero di telefono dedicato esclusivamente al bed and breakfast, puoi decidere, e te lo consiglio caldamente, di rispondere in un determinato modo.

Ti ripeto che se utilizzi per la tua attività il tuo numero di cellulare privato, quello che utilizzi per gli amici, per i genitori, sarai costretto a rispondere in maniera poco formale, ovvia, dicendo semplicemente: «Sì, pronto?» Invece, avendo un numero dedicato solo alla tua attività, puoi decidere di rispondere in modo diverso al telefono, proprio come faccio io. Facci caso: ogniqualvolta chiami un'azienda, uno studio medico, una società, cosa ti viene risposto all'altro capo del telefono?

In genere, chi ti risponde, per prima cosa menziona il nome dell'attività, e così ho deciso di fare anch'io. Ho pensato di adottare questa semplice regola per rispondere ai miei clienti. A una chiamata per la mia struttura, rispondo dicendo: «Nome struttura bed and breakfast, buongiorno.» Utilizzando questa frase, invece del semplice: «Pronto?», introduco automaticamente un tono assai più professionale.

Questa forma di risposta è utilizzata anche dalla stragrande maggioranza delle strutture ricettive, dagli hotel ai campeggi ai villaggi. Se hai mai provato a telefonare a un hotel per chiedere delle informazioni o per prenotare, ti sarai accorto che la forma di risposta utilizzata è quasi sempre la stessa, ed è molto simile a quella che dovrai utilizzare anche tu. Proprio come si usa in queste strutture, ti converrà rispondere: «Nome della tua struttura bed and breakfast, buongiorno.»

Quando iniziai la mia attività, utilizzai per pochi mesi il mio numero di telefonino privato, pentendomene quasi immediatamente. Dopo qualche tempo decisi che il mio bed and breakfast doveva avere un numero telefonico esclusivo, ma solo più tardi riuscii a trovare un modo di rispondere veramente efficace. Sembra una cosa di poco conto, ma ti consiglio di provare in entrambi i modi e notare le differenze di comunicazione che si creano con le persone all'altro capo del telefono.

Stabilito ora il modo più efficace di rispondere al telefono del tuo bed and breakfast, vediamo come gestire la telefonata di richiesta informazioni e di prenotazione dei possibili clienti. Per quanto riguarda le persone che ti contattano per avere informazioni, in genere intendono venire a conoscenza di due aspetti: in primo luogo se la struttura ha disponibilità per un certo numero di giorni; in secondo luogo, il costo del relativo pernottamento.

Per questo motivo è necessario, da parte tua, essere al corrente prima di tutto del tariffario da te applicato in tutto il periodo dell'anno, nonché di un prospetto che ti indichi la reale disponibilità che la tua struttura può offrire, non solo per il periodo immediato ma anche per i mesi a seguire. Mentre non sarà difficile per te imparare il tariffario, ti risulterà più complesso mandare a memoria i vari prospetti mensili o settimanali e sopratutto gestirli senza mettere il tutto nero su bianco.Nelll'allegato troverai un prospetto mensile standard che potrai sfruttare per soddisfare questa esigenza.

Ora che abbiamo messo in luce l'importanza di questi due dati, che è necessario tu abbia sempre a disposizione in qualsiasi momento della giornata, facciamo un breve esempio su come, in genere, va gestita una telefonata di richiesta informazioni.

Dopo aver risposto al telefono nel modo che ti ho indicato, la persona ti chiederà, ad esempio, se la tua struttura ha disponibilità per il prossimo fine settimana. A questo punto, se la richiesta è espressa in maniera piuttosto chiara, ripetila alla persona richiedente, senza omettere nulla. Questo serve a te per capire se la richiesta è effettivamente così come tu l'hai compresa, e al richiedente per capire che tu hai ascoltato ogni parte del suo discorso.

Immaginiamo che una persona ti chieda: «Avete disponibilità di una camera matrimoniale per venerdì e sabato di questo fine settimana?» In questo caso la richiesta è esplicitata in maniera chiara, senza frasi dubbie o equivoche. Quindi ti limiterai a rispondere: «Lei chiede una camera matrimoniale per venerdì e sabato notte, con partenza domenica mattina, ho capito bene?» La tua risposta, in questo caso, non è altro che una ripetizione della sua richiesta.

Poniamo che, invece, una persona ti chieda: «Avete una camera disponibile per questo fine settimana?» Come vedi, queste due richieste sembrano simili ma, in realtà, sono molto diverse l'una dall'altra. In questo caso il richiedente non circostanzia a dovere la sua richiesta, per cui dovrai chiarire vari aspetti: se la camera in questione deve essere per una persona o per due persone; nel caso la risposta fosse per due persone, devi chiedere se la camera deve essere doppia o matrimoniale, ovvero con due letti singoli separati oppure con un letto matrimoniale; per questo, nel capitolo della realizzazione, ti ho consigliato di inserire letti doppi che possano, all'occorrenza, essere affiancati. Infine devi chiedere cosa intende il richiedente per fine settimana, ovvero se desidera la camera per venerdì, per sabato, per venerdì e sabato, per sabato e domenica o per venerdì, sabato e domenica.

Come vedi è molto importante essere chiari, capire cosa le persone vogliono realmente intendere nel momento in cui richiedono informazioni. Dopo aver compreso le richieste del possibile cliente, questi, nel 95 per cento dei casi, vorrà informarsi anche sui prezzi del relativo soggiorno.

A questo punto, ti sconsiglio di fare una cosa che in passato ho fatto per un periodo di tempo, ovvero dare una risposta che infonde solo confusione nel richiedente. Ammesso che la richiesta sia per una camera matrimoniale per un soggiorno di tre notti, tu puoi rispondergli in diversi modi.

Puoi dire che il prezzo è relativo a una persona singola al giorno, di moltiplicarlo per due che è il numero delle persone che dovranno essere ospitate, e poi moltiplicarlo ancora per tre che è il numero delle notti di pernottamento. Ad esempio puoi rispondere: «La camera costa 40 euro al giorno a persona, quindi 80 euro al giorno a camera, per un totale di 240 euro per i tre giorni richiesti.» Si tratta di un approccio sconsigliato perché al sentire queste parole il richiedente ti risponderà quasi indubbiamente: «Quindi qual è il prezzo?» anche se glielo hai già comunicato.

Personalmente ti consiglio di fare quei calcoli a mente, e di comunicare solamente la cifra finale complessiva. Potresti quindi dire: «L'importo complessivo del soggiorno è di 240 euro.» A questo punto possono verificarsi due cose: la prima è che la persona richiedente ti ringrazierà, dicendoti che prima di prenotare deve parlare con la moglie, chiedere all'amico, organizzarsi con le ferie etc. Oppure ti chiederà delle informazioni per procedere alla prenotazione.

SEGRETO n. 15: in una telefonata di richiesta informazioni come prima cosa devi capire cosa vuole sapere da te il cliente, il giorno di arrivo e partenza sono informazioni fondamentali, e successivamente comunicargli il costo del soggiorno espresso in maniera complessiva.

La telefonata di richiesta prenotazione

La telefonata di prenotazione da parte di un potenziale cliente va gestita anch'essa con specifiche tecniche. Una telefonata di prenotazione si può verificare direttamente, quando una persona ti telefona per prenotare una camera dopo aver visitato il sito internet e quindi è già informata sui relativi prezzi, servizi, camere etc., oppure indirettamente, dopo aver telefonato precedentemente per una richiesta informazioni. In questo caso la telefonata per la prenotazione può avvenire in un secondo momento, oppure la telefonata di informazioni si trasforma istantaneamente in una telefonata di prenotazione.

Vediamo ora come va gestita una telefonata di prenotazione presso la tua struttura. La gestione della telefonata di prenotazione varia in base alla differenza tra il giorno della telefonata in questione e l'arrivo presso la tua struttura. Se ci pensi bene, un conto è gestire una prenotazione con arrivo dopo un mese dalla telefonata, un altro conto è una prenotazione dell'ultimo minuto, con arrivo alle volte anche dopo mezz'ora dalla telefonata. La differenza sta soprattutto nella garanzia dell'arrivo, quindi nel richiedere o meno un anticipo sulla prenotazione.

Nel caso della telefonata a lungo termine hai tutto il tempo per porre un termine ultimo entro il quale se non verrà versato l'anticipo la prenotazione verrà annullata. Nel caso della prenotazione a brevissimo termine è chiaro che è molto difficile, direi improbabile ricevere un anticipo sulla prenotazione. Vediamo, caso per caso, come gestire le varie telefonate di prenotazione:

- prenotazione a breve termine: arrivo da un'ora a dodici ore dalla telefonata;

- prenotazione a medio termine: arrivo da diciotto ore a tre giorni dalla telefonata;

- prenotazione a medio-lungo termine: arrivo da quattro giorni a sette giorni dalla telefonata;

- prenotazione a lungo termine: arrivo da otto giorni in poi dalla telefonata.

Studiamo ora ciascun caso e vediamo come va gestito.

Prenotazione a breve termine

La prenotazione a breve termine è quella che si verifica spesso nei fine settimana e nei periodi di alta stagione. Ho constatato che vi sono numerose persone che partono dalle proprie città per poter stare una giornata fuori porta e solo all'ultimo minuto decidono se rimanere una giornata ulteriore oppure tornare nella propria città.

Negli ultimi anni si è molto diffusa questa pratica, ovvero prenotare una struttura per la sera stessa una volta giunti sul luogo, anche se quella breve vacanza era già organizzata da tempo. I motivi principali sono sostanzialmente due: le condizioni meteorologiche e il luogo della vacanza. Se il giorno destinato a quest'uscita fuori porta risulta piovoso, si decide di non partire oppure di restare solo un giorno senza pernottare e ritornare a casa in serata. Oppure se il luogo destinato alla breve vacanza non è sufficientemente attraente, si decide di non permanere oltre.

Per questo molte persone si ritrovano a effettuare le cosiddette "prenotazioni last second", che sono quelle effettuate nelle ore immediatamente precedenti all'arrivo presso la struttura. Si tratta, in genere, di una prenotazione per un periodo di tempo molto limitato: un giorno o al massimo due. Una prenotazione del genere è molto difficile da gestire sotto l'aspetto della garanzia del reale arrivo dell'ospite, in quanto, ovviamente, questi è impossibilitato a poter effettuare un bonifico bancario o un vaglia postale per provvedere all'anticipo sulla prenotazione.

Entriamo ora nel pratico e vediamo come garantirci l'arrivo dell'ospite. Ipotizziamo una telefonata di un potenziale cliente per conoscere la disponibilità presso la tua struttura per la sera stessa di una camera matrimoniale. Dopo avergli confermato la disponibilità e averlo informato del costo, ipotizziamo che il cliente decida di prenotare. Impossibilitato a versare un anticipo, dobbiamo garantirci il suo arrivo presso la nostra struttura. Infatti l'anticipo sulla prenotazione non è altro che la garanzia che il cliente verrà presso la tua struttura, altrimenti avrà perso quel denaro di acconto.

In questo caso dobbiamo, come prima cosa, chiedere il nome e il cognome della persona che ci ha contattato. Subito dopo chiediamo a questa persona un numero di telefono. Questo all'unico scopo di poterlo rintracciare, infatti è quello che ci toccherà fare una volta stabilito un orario di arrivo e se l'ospite, entro quell'orario, non si sarà ancora presentato.

Facciamo un breve esempio. Un potenziale cliente ti telefona dicendoti: «Salve, avete una camera matrimoniale per questa sera?» Dopo aver verificato il prospetto, che devi sempre portare con te, lo informi della disponibilità e del costo. Immaginiamo che questa persona ti dica: «Bene, allora vorrei prenotare.» A questo punto dovrai rispondere: «D'accordo, per la prenotazione avrei bisogno dei suoi dati e di un numero di telefono attivo a cui posso rivolgermi.» Questi ti darà il suo nome, cognome e il numero di telefono, di norma il cellulare. A questo punto dirai: «Bene, la ringrazio per la disponibilità. A che ora pensa di arrivare?» Il cliente comunicherà un orario. Se passati all'incirca dieci, massimo quindici minuti dall'ora in cui il cliente ti ha assicurato il suo arrivo, non lo vedi, ti consiglio di telefonargli per sapere se ci sono stati problemi e se la prenotazione è ulteriormente confermata.

SEGRETO n. 16: la prenotazione a breve termine è di difficile gestione in quanto non si può richiedere in alcun modo un acconto monetario a garanzia della prenotazione stessa. È importante, quindi, richiedere sempre al cliente i dati personali e un numero di cellulare facilmente rintracciabile.

Prenotazione a medio termine

Anche le prenotazioni a medio termine sono richieste, in genere, per periodi brevi: si va da una notte fino a un massimo di tre. Immaginiamo che una persona ti telefoni per sapere se presso la tua struttura c'è disponibilità per due notti di una camera matrimoniale per il giorno seguente la telefonata e che ti chieda il relativo costo. Dopo aver provveduto a informare il richiedente della disponibilità e del costo complessivo, ipotizziamo che questi ti dica di voler prenotare.

La prenotazione a medio termine è la prenotazione più difficile da gestire, specie nei periodi di alta stagione, in quanto una mancata conferma immediata può portare a una difficile ottimizzazione delle prenotazioni. Ecco cosa voglio dire: riservando una camera in attesa dell'acconto, possiamo essere costretti a comunicare ad altre eventuali persone che vogliano prenotare la nostra non disponibilità.

E può accadere, e ti assicuro che accade, che l'acconto non arrivi perché l'ospite, magari, ha cambiato programma. E ci ritroviamo con la camera libera ma con diverse richieste che abbiamo dovuto rifiutare. Quindi, come gestire questa situazione? Essendo una prenotazione a medio termine, ovvero da poche ore a tre giorni dalla richiesta, ti consiglio, per evitare spiacevoli situazioni, di pretendere in qualsiasi circostanza un anticipo sulle prenotazioni.

Se la richiesta ti viene fatta alle 8 di mattina per la sera stessa da una persona che sta per partire in quel momento dal Friuli per giungere al tuo bed and breakfast in Sicilia, è ovvio che, in questo caso, non puoi pretendere l'acconto. Devi quindi procedere come se fosse una richiesta a breve termine. Se invece la richiesta è per gli immediati giorni a seguire, ciò che ti consiglio di fare è di riservare la camera per ventiquattr'ore. Ovvero, se entro ventiquattr'ore non ti sarà pervenuto un fax oppure una email con allegata copia del relativo bonifico/vaglia di acconto, la prenotazione sarà cancellata.

Ma quale dovrà essere l'importo che la persona richiedente dovrà provvedere a pagare per riservare la camera? Essendo abbastanza breve il periodo di permanenza e quindi anche il costo complessivo che il cliente dovrà affrontare, sono due le possibilità. La prima: si chiede al cliente di versare l'intero importo a garanzia della prenotazione; la seconda: si chiede al cliente di versare il 50 per cento dell'importo totale.

È fondamentale, nel tuo interesse, imparare fin dall'inizio queste strategie. Nei miei primi mesi di attività, quando ricevevo questo tipo di prenotazione, era mia abitudine non chiedere alcun anticipo a garanzia della prenotazione. Facevo questo perché comunque non avevo molte richieste, e capitava spesso che queste prenotazioni non andassero a buon fine, ovvero che i richiedenti non si presentassero. Inizialmente non me ne preoccupavo: in fondo ero alle prime armi.

I problemi cominciarono a verificarsi l'anno seguente, quando la mia attività era molto più conosciuta e le richieste iniziarono ad aumentare. Adottando sempre le modalità dell'anno precedente, quando ricevevo una prenotazione a medio termine non chiedevo l'anticipo a garanzia. Bloccavo la camera, nel frattempo ricevevo altre richieste che ero costretto a rifiutare, e gli ospiti prenotanti in alcuni casi non si presentavano. Conseguenza: tante richieste e camera vuota.

Modificai la gestione di queste richieste, facendo proprio ciò che ti ho spiegato ora, ovvero per le prenotazioni il cui arrivo era previsto dal giorno seguente a un massimo di tre giorni dalla richiesta, bloccavo la camera per massimo ventiquattr'ore e, se in questo lasso di tempo non mi fosse arrivato un fax o una email con una copia dell'acconto, la prenotazione sarebbe stata cancellata.

SEGRETO n. 17: rifiuta qualsiasi richiesta di prenotazione a medio termine che non si concretizzi nel versamento di un

acconto a garanzia; inoltre richiedi sempre l'invio di una copia dell'avvenuto bonifico o vaglia in tuo favore tramite fax o email entro massimo ventiquattr'ore dalla richiesta.

Prenotazione a medio-lungo termine

Le richieste a medio-lungo termine sono prenotazioni per un periodo non di lunga durata, ovvero da una/due notti fino a sei/sette notti. La gestione di questo tipo di prenotazione è molto più semplice delle precedenti, in quanto l'arco di tempo dalla richiesta all'arrivo in struttura è maggiore e permette di gestire al meglio tali prenotazioni.

La gestione è molto simile alla prenotazione a medio termine, l'unica differenza sta nel fatto che, a discrezione, si può bloccare la camera per un periodo di tempo maggiore nell'attesa che il richiedente ci invii copia dell'avvenuto anticipo per mezzo del bonifico bancario o del vaglia postale. Si può comunicare al richiedente che la camera sarà bloccata, ad esempio, per quarantotto ore, così questi avrà certamente più tempo per provvedere a effettuare l'anticipo.

Anche in questo caso dobbiamo capire quale somma chiedere al cliente per confermare la prenotazione. Nella prenotazione a medio-lungo termine ci si comporta come nel caso precedente, ovvero si chiede di saldare anticipatamente l'intero importo, oppure di provvedere con il pagamento del 50 per cento dell'importo complessivo. La prenotazione a medio-lungo termine implica il fatto che dovrai sostenere delle spese per la colazione, quindi prima dell'arrivo dell'ospite provvedi ad acquistare tutto il necessario per soddisfare il cliente durante il periodo in cui sarà ospite presso la tua struttura.

Prenotazione a lungo termine

Questo tipo di prenotazione è senza dubbio la più semplice da gestire. Le prenotazioni a lungo termine si verificano maggiormente in vista di periodi di alta stagione, e nella maggior parte dei casi si fa questo tipo di richiesta per periodi abbastanza lunghi, in genere dai tre giorni ai dieci/quindici giorni. Si tratta senza dubbio di importi complessivi importanti.

Se decidi che in alta stagione una camera ha un costo di 80 euro a notte, su dieci giorni si ha un costo complessivo di 800 euro. In questo caso l'importo da versare come anticipo sulla prenotazione deve variare dal 20 al 40 per cento dell'importo totale. Con l'incremento dell'arco temporale, puoi aumentare anche il periodo di tempo di cui il cliente dispone per provvedere al pagamento dell'anticipo, e al relativo invio della copia a mezzo fax o email. Comunque non superare mai i tre giorni dalla richiesta all'arrivo della copia dell'avvenuto accredito a garanzia della prenotazione, perché, nel frattempo, potresti ricevere altre richieste di prenotazione da parte di clienti che, effettivamente, vorrebbero prenotare presso la tua struttura ricettiva.

Ricorda che nel comunicare i dati per effettuare l'anticipo sulla prenotazione, è importante che tu indichi al cliente di inserire la causale, chiesta sia se si effettua un bonifico bancario sia un vaglia postale. La causale dovrà contenere il nome e il cognome della persona che ha confermato la prenotazione, nonché la data di arrivo e di partenza. Ad esempio: «Causale: Mario Rossi soggiorno 10 luglio – 17 luglio.» Questo aspetto della causale non va applicato solo alle prenotazioni a lungo termine, ma anche a tutte le altre tipologie di prenotazione.

SEGRETO n. 18: la prenotazione a lungo termine è la più frequente, specie nei periodi di alta stagione. Richiedi sempre una garanzia e il relativo invio, a mezzo fax o email, della copia dell'avvenuto accredito. Ricorda sempre di far indicare la causale, in modo tale da poter ricondurre con facilità il versamento alla prenotazione.

Le richieste di informazioni non ti giungono solo per mezzo telefonico; infatti se decidi di utilizzare un sito internet e/o di aderire a un circuito per promuovere la tua struttura, e ne parleremo più avanti, avrai a disposizione anche un contatto email al quale i clienti ti potranno scrivere per gli stessi motivi per i quali ricevi le telefonate, ovvero per ricevere informazioni o prenotazioni. Vediamo, in questo caso, come è opportuno comportarsi.

Le richieste a mezzo posta elettronica

Per mezzo della posta elettronica potrai ricevere, direttamente sul tuo computer, richieste da parte di potenziali clienti. È importante, come per le richieste via telefono, usare particolari strategie. Anche in questo caso bisognerà rispettare il carattere della chiarezza, evitando di scrivere frasi equivoche. Ora ti mostro il modo migliore, a mio giudizio, per rispondere alle richieste di informazioni o prenotazioni in maniera più chiara possibile. La email di risposta è molto importante, è un primo impatto, una prima impressione per mezzo della quale il potenziale cliente comincia interiormente a dare giudizi sulla tua struttura. È fondamentale, quindi, anche se non siamo i proprietari di un grand hotel, dare, attraverso le email, un senso di professionalità e di estrema chiarezza.

I primi tempi scrivevo delle email di risposta molto equivoche, nel senso che dal testo non si comprendeva se, ad esempio, il costo citato era inteso per persona o per camera. Con il tempo me ne sono reso conto, e, con il passare dei mesi, ho modificato centinaia di email di risposta. Inizialmente ho evitato di creare una risposta predefinita da copiare e incollare ogniqualvolta dovevo rispondere a delle richieste, anche se le risposte erano molto lunghe. Mi rendevo conto che, in questo modo, perdevo tantissimo tempo, ma il mio intento era quello di trovare, facendo tentativi su tentativi, la formula più chiara e professionale possibile.

Dopo qualche mese ho trovato la formula vincente: chiara, semplice e, allo stesso tempo, molto professionale. Ecco la mia email di risposta generica alle richieste di informazioni:

Gentilissimo Sig. Rossi,
Le confermiamo la disponibilità di una camera matrimoniale dal giorno............al giorno.............(numero notti).
Ecco, di seguito, la nostra migliore proposta:
Prezzo a persona al giorno: €.........
Prezzo della camera al giorno: €..........
Prezzo complessivo per l'intero soggiorno: €............
Il prezzo è comprensivo della prima colazione.
Se desidera ricevere ulteriori informazioni o effettuare una prenotazione può rispondere a questa email oppure contattarci telefonicamente.
In attesa di una Sua gentile risposta, Le porgiamo i nostri più cordiali saluti.
Bookings / tuo nome
BED AND BREAKFAST nome tua struttura
Via...............
Cap............... – città (Italy)
Tel. +39 .../.. .. ...
Web ....
Email...............

Questa è una tipica risposta a una richiesta di informazioni da parte di un potenziale cliente. Puoi liberamente modificarla a tuo piacimento, l'importante è che contenga tutti i dati, ovvero il numero di notti, il numero di persone, l'importo a persona, a camera e il totale, la richiesta indiretta di farti pervenire una risposta, e, alla fine della email, tutti i dati relativi alla tua struttura.

Una volta inviata questa email, si verificano, in genere, tre situazioni. La prima: il richiedente ti risponde ringraziandoti delle informazioni, però ti comunica che non potrà venire ad alloggiare da te per vari motivi; la seconda: non avrai alcuna risposta; la terza: il richiedente accetta il preventivo che gli hai proposto e decide di prenotare la sua vacanza presso il tuo bed and breakfast. Vediamo ora come si risponde via email a un cliente che decide di prenotare. In questa email sono contenute le informazioni necessarie al cliente per poter effettuare il versamento dell'anticipo a garanzia della prenotazione:

Gentilissimo Sig. Rossi,

Le confermiamo la prenotazione di una camera matrimoniale dal giorno.........al giorno.......... (numero notti).

Le confermiamo inoltre il costo complessivo pattuito, di €..........

A garanzia della prenotazione Le chiediamo di effettuare gentilmente il versamento di un anticipo pari al.....% dell'intero importo sul conto corrente che è di seguito riportato.

Conto corrente intestato a ....

Codice IBAN:

.. ..

Presso la banca...............Filiale di......................

Causale: anticipo soggiorno Rossi Mario dal giorno......al giorno...........

Oppure può inviarci l'anticipo a mezzo vaglia postale, al seguente indirizzo:

cognome   nome

via.................

cap.   città   provincia

Può inviare un fax della copia del bonifico o del vaglia al numero...........

oppure presso questo indirizzo di posta elettronica facendo una scansione della ricevuta.

La Sua prenotazione sarà confermata non appena ci sarà pervenuta copia dell'avvenuto acconto.

Per ovvi motivi gestionali, Le chiediamo gentilmente di provvedere quanto prima.

La Sua prenotazione verrà annullata se entro le ore 16 del giorno.........non ci sarà pervenuta tale copia.

In attesa di una Sua gentile risposta, Le porgiamo i nostri più cordiali saluti.

Bookings / tuo nome

BED AND BREAKFAST nome tua struttura

Via...............

Cap......... - città (Italy)

Tel. +39 .../.. .. ...

Fax.................

Web.................

E-mail.................

Anche qui puoi liberamente cambiare l'ordine dei dati, l'importante è avere ben chiari gli aspetti fondamentali: i dati bancari o postali per farti inviare l'acconto, la percentuale di acconto che il cliente deve versare, il tempo massimo per farti inviare la ricevuta di avvenuto anticipo. Non appena ti sarà pervenuta la ricevuta dell'anticipo sulla prenotazione, è buona norma scrivere una email al cliente per ringraziarlo di aver provveduto. Non è obbligatorio farlo, ma si tratta di una email che consiglio di inviare, affinché l'ospite percepisca le nostre attenzioni. Ecco di seguito riportata la email che invio dopo aver ricevuto l'anticipo sulla prenotazione:

Gentilissimo Sig. Rossi,
La ringraziamo per aver provveduto così rapidamente a effettuare l'anticipo sulla prenotazione e per averci inviato la ricevuta dell'avvenuto pagamento.
Le confermiamo ulteriormente i dati della sua prenotazione:
Camera matrimoniale;
Numero persone 2;
Arrivo il giorno ....;
Partenza il giorno........;
Numero notti complessive..........
Le comunichiamo inoltre che la Sua camera sarà disponibile dalle ore...........del giorno del Suo arrivo, e deve essere obbligatoriamente essere liberata entro le ore.........del giorno di partenza.
Nell'attesa del Suo arrivo presso la nostra struttura, restiamo a Sua completa disposizione per qualsiasi richiesta o informazione.
Ringraziandola ulteriormente, Le porgiamo i nostri più cordiali saluti.

Bookings / tuo nome
BED AND BREAKFAST nome tua struttura
Via............
Cap.......... – città (Italy)
Tel. +39 .../.. .. ...
Web...............
E-mail.............

Questa email, come vedi, è necessaria per far comprendere al cliente che gli siamo grati per aver provveduto al pagamento dell'anticipo, e in più gli comunica da che ora potrà presentarsi presso la tua struttura per poter occupare la sua stanza. Ho deciso di aggiungere questa email alle richieste perché molti dei miei clienti che arrivavano presso la mia struttura, portavano con sé la ricevuta del bonifico o del vaglia, accusandomi del fatto che io non li avevo informati dell'avvenuto anticipo. Oppure ricevevo telefonate preoccupate di persone che chiedevano se l'acconto fosse arrivato. Oppure, ancora, gli ospiti si presentavano in un orario in cui la loro stanza era ancora occupata dagli ospiti precedenti.

Inserendo questa email, i clienti sono più tranquilli del fatto che la transazione è avvenuta, non si preoccupano di aver sbagliato qualche dato e di aver perso il denaro, e in più sanno con certezza l'ora precisa in cui la loro stanza sarà pronta. Passiamo al secondo caso in cui, coloro che ti hanno chiesto informazioni, ti rispondono scusandosi del fatto che non potranno venire presso la tua struttura. Anche in questo caso è molto utile, quasi indispensabile, inviare una risposta a queste email. Può andare bene una risposta del genere:

Gentilissimo Sig. Rossi,
La ringraziamo comunque per la Sua richiesta, sperando di averLa nostro gradito ospite in altra occasione.
Le porgiamo i nostri più cordiali saluti.
Bookings / tuo nome
BED AND BREAKFAST nome tua struttura
Via…………..
Cap……….. – città (Italy)
Tel. +39 …/.. .. …
Fax…………………..
Web…………………
E-mail………………..

Può inoltre accadere che, a una richiesta di informazioni per conoscere la disponibilità per un dato periodo, tu debba rispondere che, per quel periodo, la tua struttura è al completo. In questo caso potrai rispondere al cliente con una email simile a questa:

Gentilissimo Sig. Rossi,
siamo desolati di informarLa che la nostra struttura non ha più disponibilità per il periodo da Lei richiesto.
Sperando di averLa nostro gradito ospite in altra occasione, Le porgiamo i nostri più cordiali saluti.
Bookings / tuo nome
BED AND BREAKFAST nome tua struttura
Via…………..
Cap……….. – città (Italy)
Tel. +39 …/.. .. …
Fax………………….
Web…………………
E-mail……………….

Ora che abbiamo esaminato la gestione delle varie richieste di informazioni e di prenotazione, ci dedicheremo a tutti quegli aspetti che riguardano la gestione dei clienti una volta arrivati sul posto.

L'accoglienza degli ospiti

In più di tre anni di attività ho sperimentato diversi modi di accogliere gli ospiti. Prima di andare avanti ti informo che ci sono diverse tipologie di accoglienza, molte funzionano, altre meno, ma non devi necessariamente optare per quello che io giudico il modo migliore di accogliere gli ospiti. Ti dico questo perché, magari, tu potresti scegliere di seguire un certo ordine nell'accogliere le persone, un filo logico che per te è funzionale.

Di certo avrai i tuoi buoni motivi, però forse non è esattamente quello che gli ospiti si aspettano da te.

Detto questo, però, non devi neanche sforzarti di seguire delle regole e degli atteggiamenti che non sono tuoi, che non ti appartengono. Cerco di spiegarti queste cose perché ci sono passato fino a poco tempo fa. Ho cambiato tantissimi modi di accogliere le persone: cambiavo l'ordine delle cose che andavano fatte, modellavo persino le accoglienze ricevute nei miei confronti negli alberghi o in altri bed and breakfast durante i miei viaggi; per tanto tempo non sono riuscito a trovare un metodo efficace, affinché l'ospite si sentisse il più accolto possibile e soddisfatto della scelta.

Innanzitutto mi sono reso conto di un fattore predominante e molto forte presente nella maggior parte degli ospiti. Molte persone scelgono il bed and breakfast per tantissimi motivi: si tratta di una struttura meno formale di quella alberghiera, più accogliente, più calda, in cui è possibile anche risparmiare un po' di denaro o prolungare la vacanza di qualche giorno, oppure fissare un week end dell'ultimo minuto senza prenotare troppo tempo prima.

Tutti questi elementi portano le persone a una scelta alle volte veloce, fugace, non adeguatamente ponderata. Si collegano a internet, magari è la prima volta che scelgono un bed and breakfast, guardano per circa quattro, cinque minuti qualche sito e alla fine prenotano quello che ritengono sia migliore per il rapporto qualità-prezzo, ubicazione, servizi etc. Ti assicuro che, una volta prenotato il bed and breakfast, cominciano a pensare: «Sarà veramente come è mostrato sul sito?», oppure: «Sarà un'altra fregatura?», o, meglio ancora: «Ma come funziona di preciso un bed and breakfast?»

Alcune delle persone che ho ospitato presso la mia struttura in questi anni, mi hanno raccontato che hanno avuto timore prima di arrivare, diversi ripensamenti, fino a quando, poi, hanno visto la camera, la struttura, i servizi e si sono tranquillizzate.

Tornando al discorso che abbiamo per un po' abbandonato, dopo diversi tentativi, alcuni migliori di altri, ho trovato un metodo molto efficace per accogliere gli ospiti, sia da un punto di vista personale, perché noto che l'ospite è soddisfatto, sia da un punto di vista organizzativo. Entriamo meglio nel dettaglio. Immagina di partire per la tua vacanza tanto desiderata. Ti metti in viaggio con la tua fidanzata, con tua moglie, con i tuoi amici, ti fai tre, quattro, cinque ore di viaggio, sopporti il disagio del traffico, delle code di automobili, del caldo e, finalmente, arrivi presso la struttura.

Qual è la cosa che più ti piacerebbe fare non appena arrivi, dopo le estenuanti ore di macchina, il caldo, le code etc? Ecco cosa ho pensato quando ho deciso di modificare l'accoglienza degli ospiti. Prima di modificare questo atteggiamento, non mi mettevo nei panni di chi ha dovuto passare dalle tre alle sei ore chiuso in un abitacolo, con l'aggiunta degli elementi di stress precedentemente accennati.

Mi mettevo nei panni di colui che aspetta gli ospiti che arrivano, e si incavola se non rispettano gli orari. Di conseguenza, non avendo alcuna esperienza circa la gestione di una struttura ricettiva e sull'accoglienza degli ospiti, non appena si è presentata l'occasione di avere ospiti, come prima cosa ho pensato a cosa si fa in genere negli hotel, o meglio, come sono stato sempre accolto negli hotel.

Tu arrivi all'hotel, ti dirigi verso la reception e, in genere, si verifica questo: consegni i documenti, il receptionist compila la scheda di registrazione, paghi l'importo del tuo soggiorno, ti vengono consegnate le chiavi della tua stanza, qualche volta un fattorino ti accompagna in camera con le valigie. Dal tuo arrivo in albergo all'arrivo in camera passano dai dieci ai trenta minuti buoni di inutile attesa.

Mettendo in pratica anche presso la mia struttura queste modalità, ho notato che le persone si trovavano spesso in una situazione di disagio. Ho capito che l'approccio dell'albergo non deve essere preso ad esempio. Ho iniziato a mettermi nei panni dell'ospite, a cosa avrei voluto io non appena fossi arrivato in un bed and breakfast, a cosa mi sarebbe piaciuto trovare in camera, e così via. Ecco illustrato, di seguito, un metodo di accoglienza che uso tuttora, dopo diversi tentativi sbagliati. Ho pensato a cosa avrei voluto fare non appena arrivato presso una struttura ricettiva: non certo trascorrere una buona mezz'ora a riempire schede e moduli.

Sicuramente mi sarebbe piaciuto andare subito in camera per darmi una rinfrescata, togliermi le scarpe, sdraiarmi un po' sul letto. Ed è questo ciò che permetto di fare ai miei ospiti.

Non appena arrivano, vado loro incontro e prendo le loro valigie. Non mi fermo davanti alla reception, ma li accompagno nella loro camera, poso le loro valigie e dico loro di rilassarsi un po' per poi vederci dopo una mezz'ora in sala colazione per un caffè insieme e per registrare i documenti. Infine mi faccio saldare l'importo stabilito. Ti assicuro che i clienti rimangono sbalorditi, contentissimi davanti a questa forma di accoglienza, perché non è mai capitato loro di essere "accolti" nel vero senso del termine.

Durante la registrazione dei documenti, in genere, spiego agli ospiti come funziona la somministrazione della colazione e dico da che ora a che ora è possibile farla. Inoltre chiedo sempre se c'è qualcosa che preferiscono, per rendermi conto se posso accontentarli oppure provvedere ad acquistare quel qualcosa in più che loro gradiscono. Poi, in genere, inizio a fare quattro chiacchiere con i miei ospiti, chiedo se posso essere loro utile per informazioni sulla zona, sui luoghi da visitare, sui ristoranti che posso consigliare, sulle attività da praticare nei dintorni. Insomma, cerco di capire cosa vogliono e di dare più informazioni possibili affinché loro stessi possano soddisfare al meglio la loro idea di vacanza.

SEGRETO n. 19: l'accoglienza in un bed and breakfast deve essere applicata nel vero senso del termine; dai la possibilità all'ospite, al suo arrivo, di rilassarsi nella propria stanza, di ambientarsi in un luogo nuovo e solo dopo chiedigli di incontrarti per sbrigare le pratiche formali, tra un chiacchiera e l'altra.

Essere una guida per gli ospiti

È importante comprendere che il nostro lavoro di gestore di un bed and breakfast non finisce con l'arrivo dell'ospite. Non dobbiamo commettere l'errore di pensare che una volta che l'ospite è arrivato e ci ha saldato l'importo vada abbandonato a se stesso. Ricorda che uno dei motivi principali per cui le persone optano per un bed and breakfast piuttosto che per un hotel è proprio il desiderio di avere rapporti più genuini con le persone ospitanti. L'ho spiegato nel primo capitolo: le persone scelgono il bed and breakfast perché, a differenza di ogni qualsiasi albergo, manca di quella formalità scontata che caratterizza gli hotel e offre, al contempo, un clima caldo e una accoglienza a 360 gradi. È fondamentale, quindi, ricordarci di ogni singolo cliente durante tutto il periodo in cui è nostro ospite e servirlo in maniera soddisfacente.

Mi viene in mente una frase bellissima tratta dal film *La vita è bella* di Roberto Benigni: «Servire è l'arte suprema e Dio è il primo servitore. Dio serve gli uomini ma non è servo degli uomini.» Bisogna servire l'ospite, fare in modo che si senta accolto, coccolato, consigliato. Molte delle persone che verranno nel tuo bed and breakfast non conoscono la zona, cosa può offrire loro, cosa può interessare loro e, di conseguenza, tu devi essere una guida, capire da cosa sono attratti, cosa piace loro fare, cosa visitare e di conseguenza indirizzarli e consigliarli.

Al tal proposito devi essere tu il primo a conoscere tutti gli aspetti della tua città. Devi conoscere le attrattive turistiche: i musei, le spiagge, il lago, le terme, i ristoranti, le discoteche, le possibilità di escursione, i locali di ritrovo, le piazze, i bar, i pub. Inoltre devi sapere come raggiungere i diversi luoghi tramite bus, metro o tram. Insomma, devi essere informato su tutto ciò che può interessare a un turista. Se, per ipotesi, decidi di avviare un bed and breakfast a Roma nella zona di Piazza di Spagna.

Devi innanzitutto saper indirizzare i tuoi ospiti dalla tua struttura verso Piazza di Spagna, sapere che, percorrendo via del Corso, in cinque minuti si arriva in Piazza del Popolo, che uscendo dalla metro davanti a noi sulla sinistra c'è via Condotti, che percorrendola in dieci minuti si giunge a Castel Sant'Angelo e dopo altri cinque minuti nella Piazza di Città del Vaticano; che per ammirare il Colosseo bisogna prendere la metro A da Piazza di Spagna e scendere a Termini per poi prendere la metro B per due fermate.

Devi essere informato su tutto ciò che può interessare un turista che visita la tua città ma, soprattutto, devi sapere come raggiungere i punti di interesse. Prima di aprire il mio bed and breakfast non avevo idea che la mia città avesse così tanto da offrire a chiunque avesse voluto scoprirla. Sono stato "costretto" a informarmi su tutto ciò che offriva dopo che uno dei miei primi clienti mi chiese dove poteva trovare un maneggio, visto che amava andare a cavallo. Gli risposi su due piedi che non c'erano maneggi nella zona. Il giorno della sua partenza, durante le pulizie della stanza, trovai una brochure che indicava un maneggio situato nella parte periferica della città. La sensazione non fu delle più belle. Mi sentii demoralizzato.

Così, da quel giorno, decisi di informarmi su tutte le attività, attrattive, punti di interesse presenti nella mia città. Mi sono informato presso diversi uffici comunali, la Pro Loco ad esempio, ma addirittura uffici provinciali, come l'APT, e mi sono reso conto di ciò che una città può offrire, dal punto di vista dello svago, della cultura, dell'arte. Ma non solo la mia città, anche le città limitrofe: non avevo per nulla idea di tutto il potenziale turistico esistente.

Presso tali uffici ho raccolto tutto il materiale utile per soddisfare le più svariate esigenze dei potenziali ospiti. Ho accumulato brochure, volantini, biglietti da visita, insomma tutto il possibile sulle attrattive più disparate: dal centro di equitazione al campo da tennis, dalla piscina al centro benessere, dalle escursioni nei parchi naturali alle visite sul lago, insomma tutto ciò che può essere utile a un ospite.

Raccolto il tutto, ho posizionato una grande bacheca nella sala colazione con tutto il materiale messo a disposizione degli ospiti. Prima di affiggere questa bacheca, per me era molto difficile riuscire a capire le esigenze di ogni singolo ospite, e puntualmente all'arrivo degli ospiti, per essere il più accogliente possibile, li informavo di tutto ciò che si poteva fare nei dintorni: escursioni, visite d'arte, luoghi da visitare etc. Il risultato era che il 90 per cento delle informazioni che fornivo non interessava, magari gli ospiti erano interessati a un solo aspetto. Mi ritrovavo a dare informazioni per loro inutili riscuotendo un senso di antipatia nei miei confronti. Le loro espressioni sembravano dirmi: «Ci lasci in pace?»

Con il posizionamento di questa bacheca nella sala colazione, con tutto il materiale a disposizione, il problema si è risolto quasi totalmente. Ecco cosa si verifica ora: l'ospite arriva, lo accompagno nella sua camera e gli chiedo di vederci dopo qualche minuto nella sala colazione per un caffè insieme, per registrare l'arrivo e saldare. Durante questa breve chiacchierata l'ospite, in genere, osserva il materiale informativo sulla bacheca e prende solo ciò che più gli interessa. A questo punto sarà soddisfatto delle informazioni trovate sul materiale oppure mi chiederà se posso fornirgli informazioni più dettagliate su quel determinato aspetto, e io lo informerò solo di quello, non risultando così invadente e logorroico.

Questa soluzione è vantaggiosa per ambedue le parti: per me come gestore perché non devo più parlare a vuoto per mezz'ora in maniera sommaria di tutte le attrattive turistiche della zona, con il risultato di annoiare gli ospiti; per loro perché li informo in maniera approfondita soltanto di ciò che a loro più interessa.

La gestione dei pagamenti

Un aspetto senza dubbio di vitale importanza è la gestione dei pagamenti. Ti ripeto, prima di iniziare questo nuovo argomento, che accettare prenotazioni senza chiedere un anticipo significa rischiare di chiudere bottega, significa non poter riuscire a ottimizzare la gestione delle prenotazioni, significa non lavorare al meglio delle proprie possibilità. I motivi ormai dovresti conoscerli, sono scritti nei precedenti capitoli, ma, in sintesi, ti voglio ribadire che se accetti prenotazioni senza chiedere e ricevere un anticipo, la persona che ha prenotato non si sentirà vincolata nei tuoi confronti.

Immagina di accettare una prenotazione senza un anticipo. Se il giorno dell'arrivo dell'ospite le previsioni danno temporali per tre-quattro giorni consecutivi, pensi davvero che quell'ospite venga ugualmente da te? Per esperienza personale ti garantisco che non si verificherà ciò che tu speri. In fondo perché dovrebbero venire presso la tua struttura se ci sarà brutto tempo e, per fortuna, loro non hanno versato nemmeno un euro di anticipo? Se invece hanno versato un minimo di anticipo a garanzia della prenotazione, il discorso cambia.

Per quanto mi riguarda non è mai successo che una persona abbia prenotato versando un anticipo e poi non si sia presentata per motivi futili. Certo, ci sono state un paio di occasioni in cui alcune persone prenotarono versando l'anticipo, ma qualche giorno prima mi contattarono dicendomi di avere dei problemi piuttosto seri per cui non sarebbero potuti arrivare nella mia struttura. Capiterà sicuramente anche a te. In questi casi la decisione da prendere è piuttosto soggettiva.

Ci sono strutture che nei casi sopra descritti rispondono che ormai l'acconto è versato e che comunque la somma non verrà rimborsata. A mio parere si tratta di un atteggiamento non troppo felice. Nei pochi casi che mi sono capitati, alla telefonata delle persone che si scusavano di non poter venire per dei seri problemi, cercavo di venire loro incontro dicendo che comunque non c'erano problemi, e per quanto riguardava l'anticipo versato, dicevo loro che se avessero voluto soggiornare in seguito presso il mio bed and breakfast, avrei sottratto l'importo versato.

Bene, a questo punto, dopo aver compreso che l'anticipo sulla prenotazione è vitale per la nostra attività, proseguiamo sulla gestione dei pagamenti. Per quanto riguarda il pagamento da parte dei nostri ospiti, o meglio il saldo, visto che abbiamo già ricevuto un anticipo, possiamo riscuoterlo in diversi momenti del soggiorno. Ad esempio, come ti dicevo, puoi richiederlo durante la registrazione dei documenti, dunque poco dopo l'arrivo e comunque sempre dopo aver fatto accomodare gli ospiti in camera.

Ti informo, però, che a molte persone dà fastidio questo tipo di approccio, pensano che non sia corretto pagare non avendo ancora ricevuto nulla in cambio. Per questo motivo ti consiglio caldamente di richiedere di saldare all'arrivo solo nei casi in cui l'ospite pernotterà da te solo per una serata o al massimo due. Per soggiorni più lunghi, ti consiglio di richiedere il saldo agli ospiti il giorno della partenza oppure, ancora meglio, la sera immediatamente precedente.

Per quanto riguarda il momento del pagamento, a prescindere se decidi di farti pagare all'arrivo o alla partenza, ci sono delle importanti procedure da seguire. Innanzitutto devi provvedere ad acquistare un blocco di ricevute generiche, stampate in duplice copia. Le trovi nelle tabaccherie, in alcune copisterie attrezzate o nei negozi che vendono attrezzature per gli uffici. Ad ogni pagamento da parte di un tuo ospite, devi obbligatoriamente compilare una ricevuta in tutte le sue parti, e consegnare la prima copia all'ospite mentre la seconda rimane allegata al blocchetto, e andrà poi inserita nella dichiarazione dei redditi a fine anno.

Ecco come compilare le ricevute. In genere, in alto a destra compare il numero progressivo e il giorno/mese/anno. Per quanto riguarda il numero progressivo, immaginiamo che inizi la tua attività a marzo 2010. Dovrai scrivere sulla ricevuta del tuo primo ospite 001/010, del secondo ospite 002/010, del terzo ospite 003/010. Il primo numero riguarda l'ordine progressivo di arrivo degli ospiti, il secondo numero, invece, è l'anno di riferimento, ovvero, in questo caso, il 2010. All'inizio dell'anno seguente, si comincia daccapo, e al primo ospite che verrà presso la tua struttura dovrai compilare la ricevuta 001/011.

Si tratta di un aspetto un po' macchinoso, ma dopo alcune ricevute avrai già imparato alla perfezione il metodo di compilazione. Immediatamente più in basso della data e del numero progressivo, bisogna inserire il nome della persona cui intestare la ricevuta. Ricorda che, se si tratta di una società, è importante inserire anche la partita IVA. In alto a sinistra c'è una casella bianca, qui devi apporre il timbro del bed and breakfast, su entrambe le copie. Nel centro della ricevuta c'è una barra in cui dovrai scrivere l'importo in lettere. Quindi, se ti dovranno pagare 250 euro, sulla ricevuta dovrai scrivere Euroduecentocinquanta---

--/00. Subito sotto tale barra sono presenti tre righe bianche vuote. La prima inizia con «per...» Qui devi riportare la causale, ovvero il perché stai ricevendo questi soldi. Ad esempio, se hai ospitato quattro persone per due giorni, potresti scrivere: «Pernottamento per numero quattro persone per numero due giorni.» In basso a sinistra devi poi scrivere l'importo, questa volta in cifre. Infine, a destra devi apporre la tua firma.

La registrazione dei documenti e la segnalazione obbligatoria degli ospiti

Si tratta di un aspetto di fondamentale importanza, da non trascurare assolutamente. I rischi di mancato adempimento a questo aspetto sono molto gravi: da multe salate a vere e proprie denunce penali. Non voglio spaventarti dicendoti queste cose, ma si tratta di un aspetto molto delicato e va debitamente sottolineato. Vediamo di cosa si tratta.

All'arrivo di ciascun ospite, devi necessariamente farti consegnare momentaneamente un documento di riconoscimento, ovvero la carta d'identità, la patente di guida o il passaporto. Perché tutto questo? Devi provvedere, prima di iniziare la tua nuova attività, ad acquistare un blocco di ricevute per poter effettuare la segnalazione degli ospiti alla Polizia di Stato.

In cosa consistono queste speciali ricevute? Si tratta di ricevute stampate in duplice copia, che ciascun cliente è obbligato a compilare oppure puoi compilarle tu, l'importante è che la firma sia quella dell'ospite in questione; su entrambe le copie deve essere apposto il timbro della tua struttura. Su di esse sono indicate le generalità della persona da te ospitata, il numero del documento fornito e da chi è stato rilasciato il documento, insomma tutte informazioni necessarie alla Polizia per individuare, eventualmente, tali persone.

In qualità di titolare di bed and breakfast sei obbligato, entro ventiquattr'ore dall'arrivo di ciascun ospite, a consegnare entrambe le copie alla centrale di Polizia competente della tua zona. Qui provvederanno a dividere le due copie di ciascuna ricevuta; una la terranno loro mentre l'altra ti verrà consegnata, con un timbro apposto, al momento della consegna. Dovrai conservare queste ricevute in un apposito schedario e, nel frattempo, dovrai tenere sempre aggiornato un registro denominato "registro persone alloggiate", nel quale dovrai riportare progressivamente tutti di dati presenti di ogni ricevuta.

Ciascuna ricevuta, infatti, va siglata con il numero progressivo, 001/2010, 002/2010 etc., e i dati in questione dovranno essere riportanti nello stesso ordine, fedelmente, sul registro persone alloggiate. Evita di fare confusione. Se a un probabile controllo la Polizia verifica delle incongruenze, anche se per sbaglio hai invertito dei numeri nel riportare i dati dalla ricevuta al registro, ti ritroverai ad avere delle seccature, che indubbiamente sono di poco conto, ma che comunque ti faranno perdere del tempo.

Quindi in questo ambito sono importanti due cose: la prima riguarda la puntualità, ovvero il presentare alla Polizia di Stato, entro ventiquattr'ore dall'arrivo di ciascun ospite, la relativa ricevuta completa in tutte le sue parti, con la firma autentica della persona in questione e soprattutto facendo attenzione a inserire il corretto numero progressivo; in secondo luogo è importante riportare fedelmente, una volta che la Polizia ti ha rilasciato la copia della ricevuta timbrata per accettazione, i dati della ricevuta sul registro persone alloggiate, facendo attenzione a non commettere errori di trascrizione, soprattutto per quanto riguarda l'ordine progressivo di arrivo degli ospiti.

Nella maggior parte delle città italiane, la Polizia di Stato è attrezzata con connessioni internet pubbliche, quindi, in questo caso, la compilazione e la trasmissione delle ricevute avviene comodamente da casa in pochi minuti.

SEGRETO n. 20: per ogni ospite devi emettere due ricevute. La prima è quella che contiene tutti i dati relativi a ciascun ospite: devi provvedere a consegnarla al Commissariato di Polizia della tua zona; la seconda è quella che attesta l'avvenuto pagamento da parte del cliente.

RIEPILOGO DEL GIORNO 4:

- SEGRETO n. 15: in una telefonata di richiesta informazioni come prima cosa devi capire cosa vuole sapere da te il cliente, il giorno di arrivo e partenza sono informazioni fondamentali, e successivamente comunicargli il costo del soggiorno espresso in maniera complessiva.

- SEGRETO n. 16: la prenotazione a breve termine è di difficile gestione in quanto non si può richiedere in alcun modo un acconto monetario a garanzia della prenotazione stessa. È importante, quindi, richiedere sempre al cliente i dati personali e un numero di cellulare facilmente rintracciabile.

- SEGRETO n. 17: rifiuta qualsiasi richiesta di prenotazione a medio termine che non si concretizzi nel versamento di un acconto a garanzia; inoltre richiedi sempre l'invio di una copia dell'avvenuto bonifico o vaglia in tuo favore tramite fax o email entro massimo ventiquattr'ore dalla richiesta.

- SEGRETO n. 18: la prenotazione a lungo termine è la più frequente, specie nei periodi di alta stagione. Richiedi sempre una garanzia e il relativo invio, a mezzo fax o email, della copia dell'avvenuto accredito. Ricorda sempre di far indicare la causale, in modo tale da poter ricondurre con facilità il versamento alla prenotazione.

- SEGRETO n. 19: l'accoglienza in un bed and breakfast deve essere applicata nel vero senso del termine; dai la possibilità all'ospite, al suo arrivo, di rilassarsi nella propria stanza, di ambientarsi in un luogo nuovo e solo dopo chiedigli di incontrarti per sbrigare le pratiche formali, tra un chiacchiera e l'altra.

- SEGRETO n. 20: per ogni ospite devi emettere due ricevute. La prima è quella che contiene tutti i dati relativi a ciascun ospite: devi provvedere a consegnarla al Commissariato di Polizia della tua zona; la seconda è quella che attesta l'avvenuto pagamento da parte del cliente.

GIORNO 5:

Come promuovere la struttura

Per poter acquisire i primi clienti, per stabilizzarsi e affermarsi sul mercato, sia nazionale che internazionale, è necessario effettuare a priori una politica di marketing, di promozione della tua nuova attività. In soldoni, ti devi fare pubblicità affinché le persone vengano a conoscenza della tua nuova attività. Si tratta di un tema molto delicato. Non è semplice capire quali mezzi di comunicazione utilizzare e, soprattutto, in che misura,.

Voglio cominciare questo capitolo con una frase di Henry Ford, che probabilmente già conoscerai: «Chi non fa pubblicità per risparmiare denaro, è come se fermasse l'orologio per risparmiare tempo.» La pubblicità è molto importante, serve per farti conoscere, per affermare la tua struttura sul mercato. Non ti dico di chiedere spazi pubblicitari su emittenti nazionali, ma la tua attività, come ciascuna altra attività che voglia durare nel tempo, ha bisogno di essere pubblicizzata costantemente.

Ora ti presento una lista di tutti i mezzi di comunicazione pubblicitaria idonea a un tipo di struttura ricettiva, una media dei loro costi, le persone che vanno a colpire:

- sito internet;

- volantini;

- circuito di bed and breakfast;

- cartellonistica (ad esempio manifesti di 6 x 3 metri);

- locandine affisse;

- frecce comunali pubblicitarie, ove possibile;

- inserzioni;

- Pagine Utili;

- passaparola;

- insegna.

Vediamo ora, punto per punto, ciascuna di queste forme pubblicitarie e cerchiamo di capire quale è meglio utilizzare e, soprattutto, in che misura.

Sito internet

Il sito internet è indiscutibilmente lo strumento più efficace per la promozione delle strutture ricettive, non solo bed and breakfast. I costi sono molto contenuti: un programmatore, per costruire un sito internet statico, di circa sette pagine, chiede, in genere, intorno ai 250-400 euro, escluso il costo del dominio, della durata di anno, che va, all'incirca, dai 5 ai 50 euro.

Il vantaggio del sito internet sta nell'alta percentuale potenziale di persone che possono acquisire informazioni sulla tua struttura, sulle camere, sui prezzi, sui servizi che hai da offrire. Non solo acquisire informazioni, ma anche richiedere preventivi, inviare richieste di prenotazione. A parer mio, è il mezzo comunicativo più potente ed efficace, anche in termini di riscontri. Per mezzo della visione del tuo sito internet, le persone cominceranno a farsi un'idea, una prima impressione della tua struttura. In sintesi, il sito internet del tuo bed and breakfast non è altro che il tuo biglietto da visita online. Vediamo ora come deve essere strutturato un buon sito internet.

Dobbiamo dire che un sito internet viene giudicato in base alla sua navigabilità, nel senso che deve essere semplice da usare, leggibile e deve contenere le giuste informazioni per soddisfare le esigenze informative di chiunque vi acceda. Non so se hai mai sentito dire che le persone giudicano un sito internet durante i primi venti-venticinque secondi di visione per pagina. È verissimo. Ti è mai capitato di visitare un sito internet e, dopo pochi secondi, di rinunciare a consultarlo perché troppo confusionario? A me capita, ogni tanto, di rinunciare a visionare un sito perché la sua navigabilità non è delle migliori.

Dopo essere venuto a conoscenza di questa importantissima informazione, ho cominciato a farci caso, ed è vero. Ogni volta che mi capita di collegarmi a un nuovo sito internet mai visto prima, lo guardo un po' alla rinfusa per i primi secondi, per "giudicare" da un punto di vista personale la sua realizzazione: se è di facile comprensione, se è "pulito" graficamente etc. Per questo, quando ho deciso di produrre a mia volta un sito internet, ho che fosse molto pulito, molto semplice, pur racchiudendo tutte le informazioni che potevano risultare utili a chiunque avesse visualizzato quelle pagine.

Ecco cosa deve contenere un sito internet per incorporare tutto ciò che può interessare a un tuo potenziale cliente senza essere pesante e difficile da consultare ma, anzi, piacevole:

- le foto delle camere: dalle tre alle cinque foto di una o più camere con una breve descrizione di ciò che è presente all'interno di ciascuna stanza o, più in generale, delle stanze;

- il listino prezzi: deve essere molto chiaro, specificare se il costo è riferito alla camera o è da intendersi a persona al giorno e in quali periodi dell'anno. Ti consiglio di inserire anche il costo a settimana: ne parleremo negli ultimi capitoli;

- la photogallery: alcune foto della struttura, ad esempio della sala colazione e degli esterni;

- foto dei dintorni: alcune foto concernenti le principali attrattive della tua città con una breve descrizione;

- i contatti: il link relativo ai "contatti" deve contenere il nome della città in cui è ubicato il tuo bed and breakfast, l'indirizzo preciso della tua struttura, il telefono, l'email. Inoltre ti consiglio vivamente di inserire due cartine: una con l'immagine della regione in cui si trova il tuo bed and breakfast, con evidenziata la zona in cui è ubicata la tua struttura; per l'altra ti consiglio di farti inserire sul sito la cartina stradale caricata da Google Maps relativa alla tua zona e il relativo link, così chi vorrà potrà aprirlo e visualizzare il tragitto da percorrere per raggiungerti.

Come vedi, sono raccolte in queste poche pagine tutte le informazioni necessarie a chi abbia desiderio di pernottare nella tua struttura. L'interessato può visualizzare le immagini delle camere e ciò che è presente all'interno di esse: bagno privato, aria condizionata, cassaforte, frigo bar; può essere informato sui costi; nella photogallery potrà visualizzare la sala colazione, l'esterno della struttura; nei contatti potrà trovare informazioni per scriverti una email oppure telefonarti, indicazioni utili per capire dove è situata la tua struttura.

Queste sono le informazioni più importanti che devi assolutamente inserire sul tuo sito internet, se hai intenzione di aprirlo. Come ulteriore consiglio, visto che non sono solo gli italiani a poter accedere alla tua struttura, ma anche francesi, tedeschi, inglesi, finlandesi, insomma qualunque persona sul pianeta con un computer e una connessione a internet, è buona norma creare il sito in minimo due lingue: in genere, come lingua aggiuntiva, si opta per l'inglese.

Realizzando un sito internet e registrandoti di conseguenza a un dominio come Aruba, AlterVista, Register etc., in base al costo annuo del dominio avrai la possibilità di gestire anche degli indirizzi email. Ad esempio Aruba, con circa 30 euro l'anno, ti offre il dominio del sito internet e fino a cinque indirizzi email diversi che puoi utilizzare. In genere basta un solo indirizzo email per la tua struttura, ma ti consiglio di attivarne due. In questo modo puoi diversificare la posta entrante.

Puoi creare un indirizzo per le informazioni generiche sulla tua struttura e chiamarlo, ad esempio, info@nomestruttura.it, su cui le persone ti scriveranno per ricevere richieste di preventivi, disponibilità etc; poi potresti creare un ulteriore indirizzo di posta elettronica, e denominarlo prenotazioni@nomestruttura.it, al quale le persone ti scriveranno per prenotare direttamente un soggiorno presso il tuo bed and breakfast. Utilizzare questi due tipi di indirizzi email è importante al fine di smistare la posta entrante. Sembra una banalità, ma così facendo ti sarà più facile dare la priorità alle prenotazioni dirette e successivamente gestire le richieste informazioni.

Un ulteriore servizio che puoi aggiungere sul tuo sito internet è il servizio di newsletter. Di cosa si tratta? È un piccolo spazio aggiunto sul tuo sito, in genere posizionato sulla home page, grazie al quale gli utenti, inserendo il proprio indirizzo email e acconsentendo alla ricezione di email da quel sito, possono ricevere da te informazioni circa gli eventi della tua città, particolari last minute, offerte per determinati periodi. Il servizio di newsletter è molto utile per mantenere un contatto non solo con i tuoi clienti ma anche con chi ha il desiderio di ricevere informazioni sulla tua struttura per un eventuale futuro soggiorno.

Personalmente, utilizzo il servizio di newsletter circa una volta la settimana. Informo continuamente i miei clienti degli eventi che ospiterà la mia città: molto spesso invio delle offerte, a inizio anno il nuovo listino prezzi, e poi non mancano, da parte mia, le email di auguri: che sia Natale, Capodanno, Pasqua, Ferragosto.

SEGRETO n. 21: utilizza due indirizzi di posta elettronica, uno per le informazioni e un altro per le prenotazioni, in modo da poter smistare la posta entrante. Poi, grazie al servizio di newsletter, puoi costantemente informare i tuoi clienti di offerte e promozioni della tua attività.

Circuito bed and breakfast - strutture ricettive

Cos'è un "circuito di strutture ricettive"? Si tratta di un portale internet nel quale sono presenti identiche forme di attività ricettive. Nel nostro caso un circuito di bed and breakfast non è altro che un sito internet nel quale sono presenti esclusivamente bed and breakfast, e chiunque ne abbia uno può iscriversi a tale circuito. Il vantaggio di abbonarsi a tali circuiti consiste nel ricevere un sostanziale incremento di visibilità.

Sia che tu voglia aprire un sito internet oppure non voglia per motivi tuoi, che possono essere più che comprensibili, decidi almeno di sottoscrivere un abbonamento con i siti promotori di bed and breakfast a livello nazionale, provinciale o comunale. Nel corso di diversi anni ho sottoscritto diversi abbonamenti con diversi circuiti. Da alcuni ho ricevuto riscontri molto positivi in termini di persone che osservavano la mia struttura su quel sito specifico.

Devi sapere che, in genere, l'abbonamento a questo tipo di siti ti permette di avere un'area riservata nella quale è possibile modificare, ogni volta che vuoi, le tariffe, le foto, le descrizioni, le offerte. Inoltre potrai verificare quante persone hanno visitato la tua struttura su quel sito. Esistono due modalità di iscrizione a questi tipi di circuiti: sottoscrivendo una quota di abbonamento annuale che va dai 50 ai 200 euro l'anno, oppure in maniera gratuita, però riconoscendo al sito una percentuale sulle trattative andate a buon fine.

Oggi posso affermare che, a livello nazionale, i migliori siti per promuovere una struttura del tipo bed and breakfast sono tre: www.viaggiaedormi.it, www.parks.it e www.bed-and-breakfast.it, anche in inglese, francese, spagnolo. Si tratta di tre siti di promozione turistica molto completi, molto puliti dal punto di vista grafico, ma soprattutto visitati da centinaia di persone ogni giorno. Tutti e tre si possono sottoscrivere con un abbonamento annuale.

Il costo per sottoscrivere l'abbonamento a www.viaggiaedormi.it e a www.bed-and-breakfast.it è di circa 200 euro l'anno e si tratta dei due portali sui bed and breakfast più visitati d'Italia. Entrambi offrono visibilità alla tua struttura sul loro portale per 365 giorni l'anno, uno spazio per descrivere la tua attività, il servizio per ricevere, presso l'indirizzo email che indicherai, le email informative o di prenotazioni da parte dei clienti, la possibilità di inserire fino a dieci fotografie in formato digitale, una pagina dedicata alle tariffe applicate e un servizio ulteriore che ti permette di inserire delle offerte periodiche. Il sito www.viaggiaedormi.it ti permette perfino di fare un periodo di prova di due mesi, dopo di che, se rimani soddisfatto, versi la quota annuale altrimenti rifiuti e la tua struttura verrà rimossa dal loro portale.

L'abbonamento a www.parks.it costa sui 75 euro l'anno. Si tratta, anche in questo caso, di un portale molto visitato, soprattutto dalle persone che desiderano trascorrere una vacanza a contatto con la natura. Infatti, registrando la tua struttura, lo staff di www.parks.it la collegherà con i parchi protetti della tua zona inserendoli nella pagina ospitale della tua struttura. Da quando ho registrato la mia struttura su questo portale sono rimasto stupito del fatto che ci siano così tante persone cui interessa davvero passare una vacanza a contatto con la natura e all'aria aperta.

La cosa interessante, per quanto riguarda i circuiti delle strutture ricettive, è che non devi possedere un sito internet personale per accedere a questo tipo di abbonamenti. Ti sarà sufficiente indicare l'indirizzo email al quale vuoi ricevere le richieste di informazioni o di prenotazione dei potenziali clienti; tu risponderai attraverso un link che ti arriverà al tuo indirizzo di posta elettronica. Inoltre potrai rispondere alle richieste anche accedendo alla tua area riservata.

Ti dico questo perché, a conti fatti, la realizzazione di un sito internet e la registrazione ad almeno uno di questi portali ti verrebbe a costare una bella somma di denaro. Magari potresti decidere, per il primo anno, di affidarti a uno di questi circuiti per promuovere la tua attività e di realizzare il sito internet l'anno seguente, o non appena avrai cominciato a guadagnare qualcosa.

Una dritta. Esistono moltissimi siti di promozione turistica gratuiti. Non sono completi come quelli a pagamento, ma puoi inserirvi le informazioni basilari, al massimo un paio di foto, una breve descrizione, le modalità per contattarti. Io oggi, dopo quattro anni, sono abbonato ai tre siti di cui ti ho parlato prima, sono poi abbonato alla Pro Loco della mia città, che inserisce sul suo portale, nella home page, le strutture aderenti e, inoltre, sono presente su circa quaranta siti di promozione turistica in maniera gratuita. Eccone, di seguito, qualcuno: www.bbdormire.com, www.viagginrete-it.it, www.appennino.it, www.paesionline.it, www.italiasub.it, www.agriturismiebedandbreakfast.com, www.aziendeonline.biz.

Sono del parere che più sono i portali su cui compare la mia struttura e meglio è. Proprio quest'estate, all'arrivo di un ospite, mentre ci stavamo prendendo un caffè nello sbrigare le pratiche burocratiche, gli chiesi come fosse stato informato dell'esistenza della mia struttura. Si tratta di una domanda di routine, che rivolgo regolarmente ai miei clienti per cercare di capire il perché della loro prenotazione nella mia struttura e non nelle altre strutture, cosa li ha convinti, da cosa sono stati attratti.

In quel caso, la risposta fu stupenda. Mi disse che non era mai stato nella mia città, così, volendo visitarla, si era collegato a internet e aveva digitato: «dormire a...», e poi «bed and breakfast a...» Gli domandai il perché avesse scelto proprio la mia struttura, preferendola alle altre quaranta presenti sul territorio. Mi rispose, in maniera quasi comica, che su qualsiasi portale riguardante le strutture ricettive che visitò compariva il mio bed and breakfast. A quel punto, mi disse, aveva deciso di contattarmi. Come vedi è molto importante per un'attività ricettiva essere presente su diversi portali turistici, soprattutto se si tratta di portali gratuiti.

SEGRETO n. 22: la forma pubblicitaria più efficace e più utilizzata dai bed and breakfast è il circuito inerente la struttura promossa. È una valida alternativa a chi non voglia avviare un sito internet in quanto, sulla pagina riservata, si possono inserire descrizioni e fotografie della struttura, senza parlare del fatto che puoi comunque ricevere richieste da parte dei clienti.

Volantini

Distribuire volantini è un modo abbastanza efficace per promuovere la tua struttura, soprattutto nei primi tempi di attività. Puoi farlo a livello locale, distribuendoli a tutte quelle persone che sono arrivate nella tua città senza aver già prenotato nulla. L'obiettivo del volantino è senza dubbio duplice: offrire alle persone che non hanno prenotato una possibile sistemazione per la notte, oppure, a chi è già sistemato presso un'altra struttura, una valida alternativa per il prossimo ritorno nella tua città.

Dobbiamo preoccuparci di tre aspetti circa i volantini: dove posizionarli, come deve essere organizzato il loro contenuto e quando effettuare la distribuzione. Bisogna concentrare l'emissione di volantini nei luoghi e presso attività commerciali ad alto tasso di presenze turistiche. Ad esempio presso i bar presenti nelle grandi piazze, i ristoranti più frequentati, le stazioni ferroviarie, gli uffici della Pro Loco, gli stabilimenti balneari e così via. Inoltre è importante fare volantinaggio nelle strutture che si trovano nel tragitto che conduce alla tua città, ad esempio stazioni di servizio, bar, autogrill.

Passiamo adesso alla realizzazione di un volantino. Il volantino pubblicitario deve essere una sintesi del tuo sito internet. Il messaggio deve essere chiaro, leggibile e di facile comprensione. Evita di usare caratteri poco leggibili, concentrati maggiormente sulla decisione dei colori, sia del testo che degli sfondi. Evita poi di scrivere un testo molto lungo: la maggior parte delle persone non lo legge neppure.

Il volantino deve essere conciso, contenere solo informazioni circa l'ubicazione del bed and breakfast, una o due immagini della struttura, in genere relative alla camera, il tariffario, i servizi praticati e i contatti. Tutte le altre informazioni sono superflue e rischiano di annoiare il lettore interessato.

Cerca poi di utilizzare un formato non troppo vistoso, in genere va benissimo il formato A5: si tratta del classico formato A4 delle comuni stampanti piegato a metà orizzontalmente. Di regola si preferisce il formato A5 perché non è troppo ingombrante e basta piegarlo una sola volta per farlo entrare in borsa o nelle tasche dei pantaloni.

Vediamo ora quando fare propaganda. La propaganda va effettuata soprattutto nei giorni in cui si verificano gli arrivi turistici, in genere il venerdì pomeriggio e il sabato mattina. Poi devi regolarti anche a seconda della stagione, se alta o bassa. È più funzionale fare propaganda nei mesi immediatamente precedenti il periodo di alta stagione, perché, così facendo, andrai a colpire più clienti potenziali, che, magari, si ricorderanno della tua struttura nei mesi a seguire.

Cartellonistica e locandine

In genere la cartellonistica non è una forma pubblicitaria efficace per la promozione di un bed and breakfast. C'è solo un caso in cui si può decidere di utilizzare la cartellonistica pubblicitaria per pubblicizzare la struttura in modo davvero efficace: l'inaugurazione del tuo bed and breakfast. Inaugurare un bed and breakfast significa informare quante più persone possibile della tua città dell'inizio della tua attività.

Puoi benissimo decidere di non farlo, non si tratta di un aspetto obbligatorio, però se decidi di organizzare una inaugurazione per la tua attività, come ho detto, prima devi fare in modo che quante più persone possibile vengano a conoscenza dell'esistenza di questa tua nuova attività.

Non solo persone, ma soprattutto attività commerciali. A tale scopo è utile ricorrere alla cartellonistica pubblicitaria. Devi sapere che la pubblicità è regolata da norme giuridiche che andrò subito a illustrarti. Innanzitutto la legge prevede che se decidi di affiggere i tuoi manifesti o locandine su pannelli pubblici, devi pagare per ciascuna copia pubblicitaria una tassa comunale dal costo variabile da comune a comune.

Inoltre non puoi affiggerli dove più ti piace. Esistono spazi adibiti proprio a questa forma pubblicitaria. Ci sono anche spazi in cui è vietata l'affissione e infrangendo questo divieto incorrerai in sanzioni amministrative. Per quanto riguarda il formato delle locandine, in genere si preferisce un formato A3: si tratta di due fogli A4 accostati orizzontalmente. Costa dai 40 centesimi a 1,20 euro a copia. Anche la durata è variabile, in genere da una settimana a un mese. Puoi anche decidere di affiggere questi manifesti non in luoghi pubblici ma in esercizi privati. Ad esempio puoi chiedere a qualsiasi esercente di affiggere un tuo manifesto nel proprio esercizio, con la conseguenza che, in questo caso, non devi pagare alcuna tassa comunale.

Oltre alle semplici locandine, esistono i manifesti pubblicitari dalle dimensioni di 6 metri per 3 metri. Capisci da solo che i costi sono molto elevati, sia per la stampa che per l'affissione. Si va dai 250 ai 600 euro settimanali. Ti informo solo dell'esistenza di queste forme pubblicitarie, non ti voglio indurre ad adottare alcuna forma pubblicitaria riportata in questo testo.

Ti ripeto nuovamente che per la promozione efficace di un bed and breakfast è necessario un sito internet ben strutturato come ti ho spiegato in precedenza, e iscriversi ad almeno un circuito di bed and breakfast. Queste due forme pubblicitarie sono più che sufficienti per farti conoscere sul mercato. Ora proseguiamo con altre forme pubblicitarie che possiamo utilizzare per promuovere la nostra struttura.

Frecce pubblicitarie

Da qualche anno a questa parte nelle nostre città si sono diffuse le cosiddette "frecce pubblicitarie", di colore giallo, in genere su fondo nero. Questo perché la normativa vigente ha cercato di uniformare la pubblicità cittadina evitando lo scempio di frecce pubblicitarie disposte dove capita.

Ciascuna organizzazione comunale, grazie soprattutto a società esterne specializzate, localizza i punti strategici di ogni città in cui collocare dei pannelli cavi contenenti un numero di frecce pubblicitarie. Questi pannelli contenenti le frecce sono posti, come abbiamo detto, in punti strategici della città, in punti in cui si concentra maggiormente il traffico, in genere ai vari ingressi della città stessa oppure nei pressi di importanti incroci.

Per pubblicizzare la mia struttura ho deciso di affiggere due frecce pubblicitarie nella mia città: una all'ingresso principale, a un incrocio semaforico, l'altra, invece, a un altro ingresso della città, cui si giunge dopo aver lasciato l'autostrada. Posso affermare che ho notato una notevole differenza in termini di affluenza di ospiti presso la mia struttura tra il periodo precedente all'utilizzo di tali frecce e quello successivo. Sono aumentate, soprattutto nei periodi di bassa stagione, le telefonate di prenotazione di persone che si trovavano già nella mia città.

Se ci pensi si tratta di un fenomeno più che normale. Una persona giunge nella mia città e, al primo semaforo, nota una freccia pubblicitaria indicante la mia attività. Se decide di pernottare per un breve soggiorno, oppure pensa di farlo successivamente, con tutta probabilità, se non conosce già strutture ricettive di sua fiducia o che sfrutta abitualmente, contatterà proprio il mio bed and breakfast. È fondamentale, quindi, se decidi di utilizzare questa forma pubblicitaria, studiare il punto della tua città in cui è più efficace il posizionamento della freccia. Come ti ho detto precedentemente, il punto migliore è proprio l'ingresso alla tua città.

Evita di spendere inutilmente denaro per far collocare frecce all'interno della tua città. Sarà sufficiente collocarle all'ingresso. Per rivolgerti alla ditta che si occupa del servizio affissioni frecce, ti sarà sufficiente osservare i pannelli sui quali sono collocate le frecce stesse. Nella maggior parte dei casi, nella parte bassa della struttura è posizionato un elemento aggiunto su cui sono riportati i dati della società che si occupa di tale servizio. Oppure puoi telefonare al comune della tua città e contattare il servizio affissioni.

Tornando alle frecce pubblicitarie, anche il testo deve essere ben ponderato. Questo perché lo spazio della freccia non permette un testo molto elaborato. Ecco cosa voglio dire: le misure delle frecce di orientamento sono, in genere, di due tipi: un metro di lunghezza per 20 centimetri, 1,50 metri per 30 centimetri. La differenza tra le due sta nella localizzazione, in quanto nei centri abitati vengono utilizzate le frecce più piccole, mentre quelle più grandi nelle zone limitrofe.

Lo scopo della freccia di orientamento è principalmente quello di indicare orientativamente l'ubicazione di una attività, ma in secondo luogo, aspetto spesso sottovalutato, è quello di far capire, a chi osserva una freccia, che tipo di attività sta indicando.

Molte persone sovraccaricano una freccia pubblicitaria di troppe informazioni, con conseguente riduzione del carattere di testo. È preferibile inserire le informazioni sufficienti a far comprendere il tipo di attività pubblicizzata in modo tale da poter utilizzare un carattere di testo maggiore ed evitare che il testo sia troppo fitto e quindi poco leggibile. Mi dilungo con queste spiegazioni allo scopo di non farti incorrere negli stessi errori commessi da me.

Quando, per la prima volta, mi rivolsi alla società che si occupa del servizio di creazione delle frecce e della relativa collocazione, creammo una freccia con il nome della struttura, la via, il sito internet, il numero di telefono e la distanza della struttura dal luogo in cui si sarebbe dovuta posizionare la freccia. Con il responsabile cercammo di far entrare tutto il testo nella freccia e mi fece una prova di stampa. Di primo acchito ero contento del risultato: si leggeva tutto benissimo. Gli confermai che ero d'accordo e che poteva procedere alla creazione della freccia.

Qualche giorno dopo mi telefonò dicendomi che la mia freccia era stata collocata nel punto stabilito. Uscii subito di casa per andare a vederla. L'impressione, purtroppo, non fu delle migliori in quanto passando con la macchina non ero riuscito a leggere una sola parola stampata sulla mia freccia. Telefonai al responsabile della società infuriato, accusandolo di aver modificato, a mia insaputa, la freccia.

Lui mi diede appuntamento nei pressi della freccia per farmi capire che si trattava del tipo di freccia scelta da me. Arrivati sul posto la disinstallò dal pannello, me la diede e mi accorsi che effettivamente era proprio come l'avevo scelta io. A quel punto la dovemmo fare daccapo con qualche accorgimento in più. Togliemmo le indicazioni relative al sito internet e alla distanza dalla struttura, ampliammo il nome dell'attività e cercammo di lasciare più spazio tra ciascuna lettera.

Con questo voglio dire che è controproducente inserire su una freccia pubblicitaria troppe informazioni. È invece consigliabile inserire le informazioni necessarie e sufficienti a indicare la presenza della tua struttura, a dire dove è ubicata e, importantissimo, a segnalare il numero di telefono.

Indicare il numero di telefono è molto importante e ti spiego il perché. Immagina di trovarti a un semaforo. Mentre attendi che scatti il verde, noti la freccia che indica un bed and breakfast e tu ne sei alla ricerca. C'è scritto il nome della strada ma non sei del luogo e, di conseguenza, non sai come raggiungerla.

Se sulla freccia è riportato il numero di telefono, puoi tranquillamente contattare il gestore, chiedere le informazioni che ti interessano e farti spiegare il modo più facile per arrivare. Ricapitolando, sulla freccia pubblicitaria è importante che siano presenti questi tre elementi: la forma di attività che si sta segnalando, l'ubicazione della stessa, il numero telefonico da contattare.

SEGRETO n. 23: le frecce pubblicitarie si stanno dimostrando un valido mezzo propagandistico. Posizionate in punti strategici della città, possono essere per il bed and

breakfast un valido strumento per attirare la potenziale clientela.

L'insegna

L'insegna pubblicitaria non è altro che un pannello composto da caratteri numerici e alfanumerici, completata, eventualmente, con simboli e marchi, installata nella sede dell'attività cui si riferisce. Può essere luminosa, sia con luce propria sia per illuminazione indiretta. Ti garantisco che in Italia ho visto pochissimi bed and breakfast utilizzare quelle grandi insegne luminose che si utilizzano per i negozi, piuttosto ho notato che è molto diffusa la pratica di utilizzare delle piccole targhe da murare vicino all'ingresso del bed and breakfast.

Il motivo è piuttosto semplice. In primo luogo le insegne luminose hanno dei costi di realizzazione abbastanza elevati, per non parlare poi delle spese per l'energia elettrica, delle tasse comunali e dei relativi problemi in merito al luogo fisico in cui posizionare l'insegna. Difatti una delle prerogative dell'insegna è proprio quella di non confondere oppure occultare la segnaletica pubblica: indicazioni di strade, luoghi pubblici, forze dell'ordine, pronto soccorso.

La maggior parte dei bed and breakfast utilizza un'altra forma di insegna, che consiste, appunto, in piccole targhe da affiggere o addirittura murare vicino al portone di ingresso. È chiaro che puoi utilizzare questa forma se la casa in questione è interamente di tua proprietà o, meglio, se non devi dare conto ad altri inquilini. Se non puoi utilizzare questo tipo di insegna, puoi affiggerne una di dimensioni non eccessive su un balcone o, comunque, in luogo esterno della casa che sia facilmente visibile.

Anche qui due concetti circa il contenuto. Ti sarà sufficiente inserire la dicitura "Bed and Breakfast Tizio Caio", in maniera ben visibile e senza usare caratteri di difficile comprensione. In questo caso non devi inserire il nome della strada, il sito internet o altre informazioni inutili a questo punto, ma, personalmente, ti consiglio di inserire il numero di telefono.

La spiegazione è molto semplice. Può capitare che, magari, una persona in cerca di un luogo che la ospiti per la notte si trovi di fronte l'insegna del tuo bed and breakfast. Decide, a questo punto, di suonare il campanello ma tu non sei in casa. Trovando sulla tua insegna il tuo numero telefonico potrà telefonarti e informarti della sua volontà di pernottare presso la struttura. Se non fosse stato presente il tuo numero telefonico sicuramente se ne sarebbe andata in cerca di un'altra struttura ricettiva.

Inserzioni e annunci

Anche le inserzioni sono un valido strumento per promuovere la tua struttura, specie se si tratta di inserzioni gratuite. Cosa sono le inserzioni? Ne esistono di due tipi. Le inserzioni cartacee e le inserzioni digitali. Le inserzioni cartacee non sono molto utili al nostro fine, ovvero quello di pubblicizzare il bed and breakfast. Ciò che risulta producente, e che tengo a spiegarti, sono i due strumenti dell'inserzione digitale e dell'annuncio su internet.

Esistono alcuni siti visitati da migliaia di persone ogni giorno che si occupano esclusivamente di annunci gratis. Ti spiego come funziona. Basta registrarsi su uno di questi siti, scrivendo nome, cognome, indirizzo email valido etc., e subito dopo inserire la categoria commerciale della propria attività, l'ubicazione della stessa, una descrizione dell'attività e persino delle fotografie. Il tutto completamente gratis. Uno dei più conosciuti e utilizzati è www.kijiji.it, dove puoi inserire gratuitamente un annuncio inerente la tua attività. È sufficiente creare un account, inserire i dati anagrafici e indicare un indirizzo di posta elettronica valido cui ti verranno comunicate tutte le richieste effettuate dai potenziali clienti. Lo stesso procedimento vale per un ulteriore sito di annunci gratuiti: www.vivastreet.virgilio.it.

Pagine Utili - Pagine Gialle

Puoi decidere di abbonarti annualmente a questo servizio. Le possibilità che ti offrono sono davvero tante: puoi scegliere la pubblicità cartacea sul classico elenco che ti verrà consegnato ogni anno a casa o il servizio internet, nonché combinare queste due forme di pubblicità.

I costi relativi a tale servizio, a seconda della combinazione scelta, variano dai 350 fino a un massimo di 1000 euro l'anno. Puoi decidere anche di pagare l'importo a rate. Si tratta di un servizio davvero completo, e nel portale internet qualsiasi richiedente potrà perfino creare il percorso per giungere dalla propria abitazione fino alla tua struttura.

Passaparola

Una forma pubblicitaria che spesso viene sottovalutata, ma che è fondamentale quanto le altre, è il passaparola. Perché è così importante il passaparola? Per due semplici motivi. Il primo: perché è totalmente gratuito. Il secondo te lo spiego con un esempio.

Ti è mai capitato di andare in vacanza in un posto e, al ritorno, di parlarne con i tuoi amici? Avrai raccontato loro di tutto quello che hai fatto, delle attività svolte, ma soprattutto della struttura. Che tu gliene abbia parlato bene o male, ciò che hai fatto si chiama appunto "passaparola", che come avrai capito può essere positivo o negativo.

Capita a chiunque di fare il passaparola, tutti i giorni, sia attivamente, magari parlando di un locale in cui siamo stati e nel quale ci siamo trovati particolarmente bene, oppure passivamente, ascoltando un nostro amico che ci racconta di quanto sia stata divertente la sua ultima vacanza. Quante volte ci è capitato di andare per la prima volta in un ristorante solo perché ce ne ha parlato particolarmente bene un nostro amico che lo già ha frequentato?

Tutto questo vale anche per il bed and breakfast. Ti garantisco che se deciderai di avviare questo tipo di attività, e soprattutto se deciderai di farlo seguendo le strategie contenute in questo ebook, ti capiterà molto frequentemente di ricevere telefonate di questo tipo: «Buongiorno sono Mario Rossi, ho avuto il vostro numero da un mio amico che ha soggiornato da voi qualche tempo fa.» Oggi mi capita più frequentemente rispetto a qualche tempo fa di ricevere telefonate o email del genere.

Inizialmente, a queste parole, mi capitava di ricordare le persone che avevano consigliato la mia struttura, oggi faccio un po' di fatica sinceramente, ma evita di rispondere che non ricordi, conferma invece educatamente di ricordare quel cliente. Come vedi, si tratta della migliore pubblicità che si attua in maniera completamente gratuita.

SEGRETO n. 24: il passaparola è una forma propagandistica molto diffusa per quanto riguarda i bed and breakfast. Vi sono diversi pregiudizi negativi in merito a queste forme ricettive, per cui, non appena a qualcuno capita di ascoltare

dei giudizi positivi in merito a un bed and breakfast conosciuto, con tutta probabilità, alla prima occasione lo contatterà.

RIEPILOGO DEL GIORNO 5:

- SEGRETO n. 21: utilizza due indirizzi di posta elettronica, uno per le informazioni e un altro per le prenotazioni, in modo da poter smistare la posta entrante. Poi, grazie al servizio di newsletter, puoi costantemente informare i tuoi clienti di offerte e promozioni della tua attività.

- SEGRETO n. 22: la forma pubblicitaria più efficace e più utilizzata dai bed and breakfast è il circuito inerente la struttura promossa. È una valida alternativa a chi non voglia avviare un sito internet in quanto, sulla pagina riservata, si possono inserire descrizioni e fotografie della struttura, senza parlare del fatto che puoi comunque ricevere richieste da parte dei clienti.

- SEGRETO n. 23: le frecce pubblicitarie si stanno dimostrando un valido mezzo propagandistico. Posizionate in punti strategici della città, possono essere per il bed and breakfast un valido strumento per attirare la potenziale clientela.

- SEGRETO n. 24: il passaparola è una forma propagandistica molto diffusa per quanto riguarda i bed and breakfast. Vi sono diversi pregiudizi negativi in merito a queste forme ricettive, per cui, non appena a qualcuno capita di ascoltare dei giudizi positivi in merito a un bed and breakfast conosciuto, con tutta probabilità, alla prima occasione lo contatterà.

GIORNO 6:
Come apportare miglioramenti

Siamo ora arrivati a un capitolo molto importante del nostro percorso verso la realizzazione di un bed and breakfast di successo. Nei precedenti capitoli ci siamo interessati della pianificazione, ovvero di tutti gli step da prendere in considerazione per avviare la nostra attività; poi siamo passati dalla teoria alla pratica, parlando della realizzazione del bed and breakfast, ovvero di come mettere in pratica tutti quegli aspetti teorici, pur fondamentali, per avviare la nostra attività; in seguito ci siamo interessati della gestione della struttura: dalle richieste di prenotazione via email o via telefono, alla gestione dei pagamenti, all'accoglienza degli ospiti; siamo infine passati alla promozione dell'attività; abbiamo parlato di come farsi conoscere sul mercato, di quali strumenti utilizzare e in che misura.

A questo punto ci troviamo di fronte a un'importante scelta da compiere. L'errore più comune che si rischia di commettere è quello di pensare che, una volta avviata la tua attività, tu abbia terminato il tuo lavoro. Si tratta di un errore molto comune, che commette la maggior parte degli imprenditori, non solo in materia di bed and breakfast, ma anche per molte altre forme di attività. Dopo aver investito tempo e denaro nella costruzione e nella realizzazione di una qualsiasi forma di attività commerciale, può accadere che la si trascuri, che non si apportino modifiche, cambiamenti o, più precisamente, miglioramenti.

Infatti in questo capitolo ci concentriamo proprio sui "miglioramenti". È importante apportare continui miglioramenti alla propria attività e ti spiego subito il perché con un esempio. Rimaniamo sempre in tema di strutture ricettive. Ti è mai capitato di soggiornare in una struttura ricettiva, qualsiasi essa sia: albergo, agriturismo, bed and breakfast e di notare che la struttura in questione era a dir poco obsoleta, trascurata, quasi abbandonata?

A me è capitato, nel lontano aprile 2002. Ricordo con precisione la data perché nel 2002 frequentavo l'ultimo anno delle scuole superiori, e in aprile con la mia classe andammo in gita scolastica a Bari. La struttura ospitante doveva essere stata molto bella un tempo, mentre ora era piuttosto decadente: notai, infatti, diverse "imperfezioni". Ad esempio il giardino antistante non era curato, nel bagno della mia camera mancavano alcune piastrelle, nel ristorante, alcune sedie avevano l'imbottitura rovinata, la piscina non era agibile, alcune delle illuminazioni nei corridoi non funzionavano.

Potrei continuare ma non mi voglio dilungare nell'elencarti tutte le cose che, a parer mio, non andavano in quella struttura. La mattina della partenza riconsegnai le chiavi della stanza al proprietario dell'albergo che, educatamente, mi domandò se mi ero trovato bene presso la sua struttura. Gli risposi, molto educatamente, che non mi ero trovato male; poi, però, dato che sono sempre stato un ragazzo molto curioso, gli feci una domanda.

Chiesi: «Lei vuole cambiare lavoro?» Rimase un po' perplesso nel rispondermi, infine disse: «Assolutamente no!» Volle sapere il perché di quella domanda e io, con sincerità, gli dissi che a parer mio la struttura sembrava un po' abbandonata a se stessa. Fece un'espressione affranta, come per dirmi che la colpa non era la sua. Mi disse che i lavori da apportare alla sua struttura erano tanti, erano necessarie centinaia di migliaia di euro per riportare quell'albergo all'aspetto originario. Capii, da quella frase, che l'attuale proprietario non aveva alcuna intenzione di apportare miglioramenti alla sua struttura, perché erano necessari troppi soldi di cui lui, al momento, non aveva disponibilità.

Cosa voglio farti capire con questo esempio tratto dalla mia esperienza? Che se il proprietario, invece di sperperare tutto il guadagno degli ultimi anni, ne avesse accantonata una parte o, ancora meglio, ne avesse investita una parte per apportare modifiche ma soprattutto miglioramenti alla propria struttura, pensi che si sarebbe trovato nella stessa situazione? Io credo di no.

Voglio farti comprendere che l'errore comune a molti imprenditori è quello di realizzare la propria attività e, dopo un periodo di tempo, di mandarla in stallo, non dandole, così, modo di crescere. Se il proprietario di quell'albergo di Bari avesse investito ogni anno una piccola percentuale di denaro nell'apportare miglioramenti alla propria struttura, dopo qualche anno non si sarebbe trovato senza soldi né, tantomeno, con un albergo che cadeva a pezzi.

Questo è un aspetto fondamentale di tutto l'ebook. Cerca di comprendere questo concetto e soprattutto di metterlo in atto. Puoi decidere di destinare ogni anno una parte del tuo guadagno al miglioramento del tuo bed and breakfast, oppure di non farlo. Se opti per la seconda possibilità, ti informo subito che potrai lavorare bene per cinque, sei o, al massimo, sette anni. Dopo tale periodo la tua struttura diverrà obsoleta, logora, con tante pecche cui rimediare. A questo punto ti sarà necessario molto denaro per porre rimedio all'usura del tempo, per riportare il bed and breakfast al decoro originario, denaro che, con tutta probabilità, non avrai a disposizione. Quello che accadrà dopo è che ti dovrai accontentare necessariamente del tuo bed and breakfast così come è, oppure porre fine alla tua attività.

Se invece decidi di accantonare una parte del guadagno e di destinarlo al miglioramento del tuo bed and breakfast, hai ottime possibilità che sia o diventi un bed and breakfast di successo e che duri negli anni. Il concetto di apportare piccole modifiche ogni anno spendendo piccole cifre è senza dubbio la decisione migliore rispetto a quella di spendere grandi cifre in favore di sostanziali modifiche tutte in una volta.

SEGRETO n. 25: per affrontare i miglioramenti da apportare alla tua attività è preferibile destinarvi ogni anno una parte del guadagno, piuttosto che lasciarla in stallo e ritrovarsi, dopo diversi anni, senza il denaro necessario a provvedere a situazioni di degrado cui sarebbe troppo costoso far fronte.

Ed ecco la domanda fondamentale di questo capitolo. Quanto denaro va investito in ciascun periodo per migliorare il bed and breakfast? Quanto destinare al miglioramento del bed and breakfast devi stabilirlo tu. Io tra poco ti fornirò alcune indicazioni: consigli e tecniche di miglioramento in favore della tua attività, ma sappi che non si tratta di obblighi tassativi, non devi seguirle alla lettera.

Non conosco la tua situazione finanziaria e non sono nessuno per obbligarti a fare determinate scelte economiche importanti. Quelle che ti indicherò tra poco sono strategie che funzionano, e nel prossimo capitolo, dedicato al caso studio della mia attività, capirai bene come le ho messe in pratica e che hanno funzionato davvero.

Ora entriamo nello specifico. Abbiamo affermato che qualsivoglia attività si decida di avviare, è importante apportarvi costanti e continui miglioramenti. Migliorare, nel nostro caso, sta a significare che bisogna apportare al bed and breakfast modifiche tali per cui, la nostra struttura, dopo ciascun piccolo intervento sia migliore rispetto a prima. I miglioramenti possono essere di vario genere, si può spaziare dall'acquisto di una macchina da caffè più potente alla costruzione di una nuova stanza, al rinnovamento degli arredi.

Gli aspetti su cui operare possono essere tanti, e possiamo raggrupparli tutti in due grandi categorie:
- miglioramenti relativi ai servizi che offri;
- miglioramenti strutturali all'immobile.

I miglioramenti non vanno considerati solo relativamente a ciò di cui disponiamo, ma soprattutto dobbiamo concentrarci su ciò di cui ancora non disponiamo. I miglioramenti servono proprio a questo, a rendere la nostra struttura più funzionale, più adatta alle esigenze di ciascun singolo ospite.

Questa parte di ebook è molto importante in quanto può essere utile a chi possiede già un bed and breakfast e vuole acquisire conoscenze che lo aiutino a comprendere il modo migliore per poter apportare miglioramenti efficaci alla propria struttura. Oppure potrà essere di aiuto a chi, magari, grazie a questo ebook è intenzionato ad avviare un bed and breakfast di successo e dopo qualche mese tornerà a leggere queste pagine per migliorare la struttura in questione.

Per capire con esattezza su cosa bisogna concentrarsi per apportare i giusti e dovuti miglioramenti all'attività, evitando di investire denaro a caso, ti racconto brevemente cosa ho fatto nei primi due anni da gestore. Essendomi reso conto di non aver iniziato la mia attività nel migliore dei modi a causa degli scarsi fondi cui poter attingere, dopo aver cominciato a guadagnare qualcosa, non vedevo l'ora di investire quel denaro per apportare modifiche e miglioramenti alla struttura. Ma non sapevo da che parte iniziare o, meglio, volevo fare in modo di apportare gli aggiustamenti più idonei, tali da soddisfare le esigenze della maggior parte dei miei clienti.

Ma come fare a conoscere queste esigenze? Molto semplice. Decisi di proporre un questionario. Certo, un vero e proprio questionario, con una duplice funzione: di test di gradimento e di raccolta notizie. Difatti conteneva sia una serie di quesiti volti a misurare il gradimento da parte dei clienti, sia alcune domande tese a raccogliere consigli su come migliorare l'attività, secondo la loro opinione. Tale questionario era così composto: in una prima parte erano presenti domande a risposta multipla, del seguente tipo: «Come giudica complessivamente il soggiorno?», «Che giudizio dà, complessivamente, alle camere?», «Che giudizio dà ai luoghi comuni nella struttura?», «Come giudica, complessivamente, la gestione dell'attività?», e così via. Le risposte consistevano in giudizi che variavano dall' "ottimo", al "discreto", al "buono", al "sufficiente", al "non sufficiente".

Le domande a risposta multipla che puoi inserire sono davvero tante, ne puoi inserire tante quante ne ritieni necessarie. La seconda parte del questionario era a risposta aperta, ovvero il cliente doveva scrivere di proprio pugno ciò che richiedeva la domanda. Questa parte del questionario la studiai davvero approfonditamente per poter fare in modo che le risposte potessero essere successivamente da me ottimizzate.

Un mio vecchio professore di economia statistica disse alla classe, durante una lezione, che ponendo una domanda troppo diretta o magari indiscreta sottoforma di domanda indiretta o trasformandola in due domande indirette, saremmo riusciti a far rispondere sinceramente la persona che, precedentemente, si rifiutava di dare una risposta a una domanda diretta.

L'esempio fu molto efficace. In sostanza significa che se chiedessimo a più estranei incontrati in una piazza: «Lei quanto guadagna mensilmente?» non credo che saranno in molti a volerci dare una risposta, quantomeno una risposta sincera. Ma se trasformassimo questa domanda diretta in due domande indirette, sicuramente il risultato sarebbe diverso. La prima domanda potrebbe essere: «Una famiglia composta come la sua, quanto dovrebbe guadagnare al mese per vivere senza problemi finanziari?»; la si potrebbe poi accostare alla seconda domanda: «Quanto dovrebbe guadagnare lei in più al mese per poter vivere senza problemi economici?»

Ipotizziamo che alla prima domanda l'intervistato risponda 3000 euro e alla seconda domanda invece risponda 1000 euro, se sottraiamo dal primo importo il secondo otteniamo quasi matematicamente l'importo mensile guadagnato dalla persona intervistata, ossia 2000 euro. Con questo efficace esempio ti voglio far comprendere come sono arrivato alla scelta delle domande a risposta aperta poste all'interno del questionario.

Non si può chiedere direttamente a un ospite se i servizi presenti in struttura erano sufficienti o meno alle proprie esigenze. Piuttosto sarebbe consigliabile chiedere: «Cosa sarebbe dovuto essere presente all'interno della struttura affinché il suo soggiorno potesse essere giudicato in modo migliore?» Un'ulteriore domanda indiretta che potresti inserire è la seguente: «Se decidesse di tornare presso questo bed and breakfast cosa vorrebbe trovare che fosse utile a farle vivere il soggiorno in maniera migliore rispetto al precedente?»

Puoi utilizzare anche domande dirette, trasformandole in opinioni personali, del tipo: «Se lei fosse il proprietario della struttura, quale sarebbe l'unica cosa che modificherebbe?» Utilizzando questo tipo di domande possiamo farci un'idea di come gli ospiti giudicano la nostra attività, di cosa vorrebbero trovare a un loro eventuale ritorno.

Puoi decidere di far compilare i questionari in maniera nominativa oppure anonima. Ti consiglio di optare per la seconda scelta, ovvero l'anonimato, per due motivi principali. Primo, non ti serve a molto sapere quale questionario ha compilato Tizio e quale Caio. Secondo, se devo compilare un questionario nominativo e consegnarlo a un responsabile della struttura o al proprietario, su molti aspetti non sarò sincero al 100 per cento, per paura di essere mal giudicato, dando così risposte accondiscendenti e nulla più. Se invece si tratta di un questionario anonimo da piegare e depositare in un'urna insieme ad altri questionari, il discorso cambia.

SEGRETO n. 26: utilizza fin dai primi giorni della tua attività

i questionari da far compilare ai tuoi clienti, così da renderti conto, anche grazie a un parere esterno, di cosa vada migliorato o potenziato all'interno della tua struttura.

Passiamo adesso in rassegna ciascuno dei due aspetti riguardanti le caratteristiche su cui poter intervenire per apportare i giusti miglioramenti.

Miglioramenti relativi ai servizi che offri

I miglioramenti inerenti i servizi della struttura sono da considerarsi come tutte quelle modifiche non strutturali che, una volta apportate, rendono qualitativamente migliore il bed and breakfast. In genere si tratta di miglioramenti che non comportano modifiche fisiche alla struttura e, inoltre, non implicano costi elevati. Per modifiche fisiche alla struttura si intendono tutte quelle modifiche inerenti lo spazio abitativo, ad esempio lo spostamento di un tramezzo oppure la chiusura di un vano. Di questo genere di modifiche, che sono denominate appunto "strutturali", ci occuperemo tra poco.

Tornando al discorso dei miglioramenti ai servizi, si tratta di miglioramenti che possono essere apportati in più periodi dell'anno, sia durante il periodo di apertura che di chiusura, proprio perché non necessitano di lavori strutturali. Vediamo ora quali servizi è possibile migliorare all'interno di un bed and breakfast:

- servizi della sala colazione;

- servizi nelle camere;

- servizi fuori struttura.

Servizi della sala colazione

I miglioramenti dei servizi della sala colazione sono necessari per un duplice motivo: il primo, ovviamente, per rendere migliore la qualità della tua struttura; il secondo, a tuo vantaggio personale, per cercare di non farti spendere tempo inutile in attesa che le persone facciano colazione. Chiariamo un aspetto. Calcolando il fatto che, in genere, vanno stabilite minimo dalle due ore e mezza alle tre ore da destinare agli ospiti per poter usufruire del servizio di prima colazione, questo significa che comunque è necessaria l'assistenza di una persona che sia presente durante questo arco temporale, sia per preparare la colazione che per ripulire il tutto.

Stando a quanto riportato, sembra indispensabile la presenza fissa di una persona non solo durante la colazione, ma anche prima e soprattutto dopo che i clienti hanno terminato di consumarla. Apportando i dovuti miglioramenti, è possibile rendere il momento della prima colazione come uno spazio di tempo in cui tutti possono usufruire di tale servizio in totale tua assenza ma, soprattutto, in completa autonomia.

Mi spiego meglio. Ho avviato il mio bed and and breakfast nel mese di Marzo del 2006. Essendo ubicato in una località di mare, il periodo di alta stagione è da considerarsi la stagione estiva. Dato che, comunque, la mia struttura non era ancora abbastanza conosciuta, durante i primi mesi riuscivo a gestire piuttosto bene il servizio di prima colazione, in quanto avevo prenotazioni piuttosto sporadiche.

Basandomi sulla scarsità degli ospiti, ma soprattutto non avendo alcuna esperienza in merito a tale attività, decisi di organizzare il servizio di prima colazione in questo modo: nel locale cucina avevo predisposto alcune credenze per contenere tutti i cibi, una cucina per preparare le bevande calde quali latte, caffè, tè etc., e un frigorifero per le bevande fredde; sempre in cucina era situato un lavello per lavare le tazze e dei cassetti per riporre le posate. La sala colazione era predisposta con un tavolo ovale circondato da alcune sedie.

La colazione era gestita in questo modo: avevo prestabilito che il servizio fosse garantito dalle 8 alle 10,30. Per non far attendere gli ospiti una volta svegli, verso le 7,30 cominciavo a preparare del caffè e del latte caldo che non appena pronti versavo in alcuni thermos per mantenerli alla giusta temperatura. Subito dopo preparavo la sala colazione in base al numero degli ospiti della giornata. Dalle ore 8 servivo la prima colazione, preparavo caffè, latte, servivo cornetti, fette biscottate, biscotti, in base a ciò che preferivano e mi ordinavano.

Quando tutti avevano terminato di consumare la colazione, provvedevo a pulire la sala e a lavare le posate e le tazze. Dal mese di marzo al mese di giugno gestivo in questo modo la colazione, e devo dire che per me non era per nulla faticoso. In fondo si trattava di dedicare all'incirca tre ore alla mia attività. In questo modo il pomeriggio avevo anche la possibilità di seguire le lezioni universitarie.

I primi problemi, per così dire, cominciarono a presentarsi in estate. Premetto che, dall'età di diciotto anni, durante l'estate gestisco una squadra di assistenti bagnanti presso le spiagge della mia città. Gli orari lavorativi sono un po' lunghi, in quanto prevedono la mia presenza dalle ore 8,30 di mattina alle ore 19,30 di sera, con una sola ora per pausa pranzo. Per questo motivo, mi trovai costretto a modificare la gestione della prima colazione.

Dopo una serie di tentativi che non portarono al risultato sperato, un anno e mezzo più tardi riuscii finalmente a trovare la formula perfetta che mi permise di avere molto più tempo rispetto a prima, e, allo stesso tempo, di soddisfare i miei clienti. Ecco come gestisco oggi la prima colazione: ho acquistato un mobile in legno in grado di contenere al suo interno un piccolo frigorifero e un forno a microonde. L'ho inserito nella sala colazione e ho posizionato al suo interno il frigo e il forno.

Sul ripiano orizzontale ho posizionato una macchina automatica per il caffè con il funzionamento a capsule, in grado di preparare non solo caffè espresso, ma anche caffè decaffeinato, ginseng, orzo, tè al limone e tè alla pesca. Ho eliminato il tavolo ovale e ho acquistato tre tavolini, uno per ogni camera.

L'unico modo per servire la prima colazione la mattina, dato il mio orario di lavoro e gli impegni universitari, era quello di preparare per la colazione la sera prima. Ogni sera in cui ospitavo dei clienti, prima di andare a dormire preparavo i tavoli con piatti, posate, tazze, bicchieri, poi sistemavo nel frigo del latte, succhi di frutta e acqua, su un vassoio preparavo i vari tipi di capsule per la macchina del caffè, su un mobile sistemavo cornetti, fette biscottate, marmellate, biscotti, il tutto a buffet.

Come ho detto prima, il vantaggio è duplice, in quanto personalmente non devo stare due o tre ore ad attendere gli ospiti, e gli ospiti possono fare colazione anche alle 7 di mattina se vogliono. A me non restava altro da fare che provvedere a ripulire il tutto. Come vedi, con questi piccoli accorgimenti, si può riuscire a organizzare un buon servizio di prima colazione senza che sia necessaria la tua costante presenza. Si tratta di un aspetto davvero importante.

Non so che tipo di lavoro tu svolga, comunque so per certo che per la maggior parte delle persone la gestione della prima colazione è motivo di grande preoccupazione. Molte rinunciano ad avviare un bed and breakfast proprio per questo tipo di problema. Pensano soprattutto al fatto che comunque devono uscire presto la mattina di casa per andare a lavoro e non c'è nessuno che può, eventualmente, preparare una colazione agli ospiti. Io ho lo stesso problema, devo uscire la mattina presto di casa e non ho modo di preparare la colazione. La preparo la sera prima e il problema si risolve da sé.

Quando ho avviato questo tipo di gestione del servizio di prima colazione ero molto abbattuto, pensavo che le persone non gradissero. Però ho deciso di sperimentare comunque, pensando che se l'esperimento fosse andato male avrei solo dovuto impegnarmi a cercare un'altra soluzione più efficace. Così, ogniqualvolta incontravo un ospite del mio bed and breakfast, non perdevo occasione di chiedere se aveva avuto problemi con la prima colazione o se, al contrario, era andato tutto bene. Con mia grande sorpresa, i giudizi in merito erano molto positivi. La maggior parte degli ospiti mi rispondeva, e mi risponde tuttora, che gradisce questo tipo di servizio colazione perché non si sente in soggezione; se vogliono mangiare un cornetto in più oppure bere un altro caffè si sentono liberi di farlo con estrema tranquillità.

SEGRETO n. 27: un aspetto su cui è importante concentrarci è la gestione della prima colazione. Molte persone rinunciano ad avviare un bed and breakfast proprio perché non riescono a gestire in modo efficace il momento della prima colazione.

Servizi nelle camere

Come abbiamo già detto in precedenza, la camera di una struttura ricettiva è il luogo in cui una persona passa più tempo quando si trova in un luogo diverso da casa propria. Quindi, personalmente, ritengo che se si decide di apportare qualsivoglia miglioramento all'attività, è senza dubbio bene iniziare dalle camere. Ricordiamo cosa prevede la normativa in merito a ciò che deve essere presente in ciascuna camera di un bed and breakfast: minimo 14 mq per camera doppia, minimo 8 mq per camera singola, minimo 6 mq in più per camera per aggiunta di un posto letto, conformità alle norme di sicurezza dei vari impianti e rispetto delle norme igieniche ed edilizie.

Inoltre in ciascuna camera deve essere presente una dotazione minima: tavolo o scrittoio, armadio, cestino getta carte, letto corredato di biancheria, una sedia per ospite, un comodino per ospite, una presa luce per ospite, un punto luce per ospite. In base a questa normativa si può capire a quali aspetti è possibile apportare miglioramenti qualitativi.

Non so se ti piace viaggiare o se sei mai stato in alcuni hotel. Ti posso garantire che la maggior parte degli alberghi possiede camere da letto predisposte basilarmente con aria condizionata e televisore. Alcuni hotel più moderni predispongono cassaforte e frigobar, poi ce ne sono altri che offrono altri servizi in più quali SKY, serrature elettroniche, vasca idromassaggio etc. Per fare un salto qualitativo che ti permetta di fare davvero la differenza sono necessari due aspetti: ovvero, in primis, la presenza di apparecchi per il condizionamento dell'aria in ciascuna camera, e gli apparecchi televisivi presenti sempre in ciascuna camera. So bene che si tratta di oggetti costosi, ma se vuoi davvero che la tua struttura sia un bed and breakfast di successo e competitivo sul mercato devi provvedere, quando ne hai la possibilità, a soddisfare queste esigenze.

Io stesso, quando ho avviato il mio bed and breakfast, non avevo di certo la liquidità per acquistare tre televisori e tre impianti per l'aria condizionata. Semplicemente mi ero informato sui costi complessivi e chiesi un preventivo per un finanziamento a ventiquattro mesi. Mi proposero ventiquattro rate da 125 euro l'una. Il problema era che non avevo una busta paga sulla quale addebitare il finanziamento, così mi feci aiutare da mio padre, il quale, con la sua busta paga, accese il finanziamento e io, ogni mese, provvedevo a pagargli la somma della rata.

Decisi di accettare quel finanziamento perché, in qualsiasi caso, sarei riuscito a pagare quelle rate: bastava che avessi avuto due ospiti al mese e il gioco era fatto. Quest'anno sto provvedendo ad acquistare dei piccoli frigobar e delle casseforti da inserire in ciascuna camera. Come vedi, i miglioramenti devono essere costanti nel tempo: fossilizzare una struttura, non farla crescere, non migliorarla significa semplicemente farla morire.

Da qualche parte lessi che un'attività è come una pianta: se la lasci senza nutrimento, senza luce solare, senza permettergli di crescere, prima o poi muore. Nel caso di un'attività commerciale il nutrimento è dato proprio dalla cura che si ha nei suoi confronti. Se non si le si prestano cure, attenzioni, miglioramenti, prima o poi muore.

Servizi fuori struttura

I servizi da apportare al bed and breakfast possono essere anche servizi esterni, non necessariamente interni alla struttura. Questi servizi sono molto apprezzati dai clienti e la cosa interessante è che non implicano alcun costo da parte tua. Mi spiego meglio. Le persone che soggiornano presso il tuo bed and breakfast in vacanza sanno che dispongono solo del servizio di prima colazione, mentre per il pranzo e/o per la cena devono provvedere diversamente presso ristoranti, pizzerie, pub, e via dicendo.

E sappiamo bene che quando ci troviamo in una città diversa dalla nostra e arriva il momento di scegliere il locale in cui mangiare, sono in genere due i quesiti che ognuno di noi si pone. Il primo è: «Chissà come si mangia.»; il secondo: «Chissà quanto si paga.»

Sono sempre queste le domande che, almeno una volta nella vita, quando siamo stati in vacanza o per lavoro fuori città ci siamo posti, ovvero quelle relative alla qualità del cibo e al relativo costo.

Nella maggior parte dei casi si verificherà la stessa situazione con i tuoi ospiti, i quali, giunto il momento della cena, si porranno la seguente domanda: «E adesso dove si può cenare? Qui non conosciamo nessuno...» Una delle cose che gli ospiti mi hanno sempre chiesto e continuano a chiedermi e ad apprezzare quando offro loro il mio aiuto, è la convenzione per il pranzo o la cena.

Nel bed and breakfast possono consumare solo la prima colazione. Le persone giustamente devono anche pranzare e cenare, o, comunque, mangiare bene almeno una volta al giorno, e quando arrivano in un luogo nuovo, a meno che non conoscano già la zona, si informano sulle strutture nelle quali è possibile mangiare a pranzo o a cena. Ti assicuro che nel 95 per cento dei casi la persona che interpellano maggiormente per ricevere informazioni sui locali in cui è possibile pranzare o cenare è proprio il gestore del bed and breakfast. Forse perché si tratta della prima persona che incontrano nella nuova città che li ospita, o forse perché sperano che il proprietario del bed and breakfast possa offrir loro una soluzione vantaggiosa.

Durante il mio secondo anno di apertura ho deciso di offrire anch'io questo servizio aggiuntivo, per poter meglio soddisfare le esigenze dei miei clienti. Le persone in vacanza, in genere, sono orientate a mangiare in un ristorante a cena piuttosto che a pranzo. Durante il giorno, in genere, sono in giro per la città, escono fuori porta, vanno al mare o in montagna, e tendono sostanzialmente a pranzare dove capita, un giorno in posto, un giorno in un altro. Quasi tutti si accontentano di mangiare un tramezzino o un pezzo di pizza giusto per riempire lo stomaco. La sera, poi, tornano presso la struttura ricettiva, fanno la doccia e, infine, si dedicano a una breve uscita, soprattutto per consumare una cena.

Di conseguenza, è la sera che persone sono interessate a cercare un luogo nel quale sia possibile cenare per tutto o quasi il loro periodo di permanenza. Per soddisfare queste esigenze, quando ho deciso di offrire questo tipo di servizio di convenzione, ho fatto un giro per tutti i ristoranti della mia zona, ho spiegato ai gestori la situazione per cercare di creare, appunto, una convenzione da ambedue le parti. Cosa vuol dire questo? Significa che da parte mia indico ai miei ospiti il ristorante XYZ con il quale il mio bed and breakfast ha una convenzione; in seguito vedremo che tipi di convenzione si possono realizzare.

È ovvio che nel ristorante XYZ non vanno a cenare solo gli ospiti del mio bed and breakfast, ma anche altre persone. Di conseguenza il ristorante XYX provvede ad affiggere, all'interno dei suoi locali, i depliant, le brochure, i biglietti da visita della mia struttura. Si crea così uno scambio di servizi completamente gratuito, che moltiplica la conoscenza delle due strutture.

La mia ricerca si è conclusa dopo qualche giorno, parlando con il proprietario di un ristorante tra l'altro vicinissimo alla mia struttura. Gli spiegai brevemente la situazione: che ero proprietario di un bed and breakfast lì vicino, che ero alla ricerca di un ristorante da poter convenzionare per poter offrire il servizio di mezza pensione, specificamente la cena. Rimase molto colpito dal fatto che avessi pensato alla sua attività, e accettò subito.

Tra l'altro mi riservò un trattamento che non potevo proprio rifiutare per quanto era conveniente: dedicò agli ospiti del mio bed and breakfast un menù realizzato apposta per loro. Tale menù comprendeva, e comprende tuttora, un antipasto a scelta tra tre o quattro soluzioni possibili, così come per il primo, il secondo, il contorno, poi una bibita e il caffè, il tutto a un prezzo davvero vantaggioso.

Rimasi sbalordito nell'ascoltare questa proposta, anche perché è un ristorante molto conosciuto nella zona, sempre pieno di clienti. Accettai, anche se con un po' di esitazione, pensando: «È possibile che mi abbia proposto questo trattamento?» Da lì è nata questa collaborazione, che continua ancora oggi. I miei clienti sono soddisfatti, io sono soddisfatto, il titolare del ristorante è soddisfatto perché nei periodi in cui sono al completo lui ha costantemente quattro, cinque, sei persone che cenano da lui tutte le sere.

Il consiglio che ti do è di fare la stessa cosa. Fai un giro nei vari ristoranti della tua zona, spiega la tua situazione, che hai un bed and breakfast e che vuoi dare la possibilità ai tuoi ospiti di offrire il servizio di mezza pensione, proponendo proprio quel ristorante. Non deve trattarsi obbligatoriamente di un ristorante, va benissimo anche una trattoria o una pizzeria, comunque un locale in cui sia possibile pranzare o cenare. Ti dico già adesso che qualcuno rifiuterà tale proposta, qualcuno ti dirà che al massimo può offrire solo un caffè ai tuoi ospiti, altri ti diranno che faranno un piccolo sconto sul totale.

Prendi in considerazione comunque chi ti propone uno sconto sul totale, anche se non confido molto in questo tipo di accordi. Chiedi ai titolari di realizzare un menù turistico, con alcune portate prestabilite: in genere sono più propensi a questo tipo di soluzione. Anche il semplice consigliare a un ospite un ristorante o una pizzeria in cui poter mangiare vuol dire molto.

Come ho detto prima, molti dei tuoi ospiti non conoscono nulla o quasi nulla del luogo in cui si trovano a soggiornare, quindi, pur se sembra strano, risulta loro difficile scegliere un locale in cui mangiare di cui non conoscono né la cucina né tantomeno i costi. Per loro anche un semplice consiglio su un locale in cui tu sai che si mangia decentemente vuol dire tanto.

I servizi fuori struttura non si limitano solo ai ristoranti o alle pizzerie, ma si estendono a molte attività commerciali. Io, attualmente, ho convenzioni con stabilimenti balneari, cinque o sei ristoranti non solo nella mia città ma anche nelle città limitrofe, maneggi, parchi naturali, associazioni di bird watching, percorsi naturalistici, discoteche, pizzerie, centri benessere. So che a molti di questi aspetti non sei interessato, ma devi iniziare a metterti nell'ottica di ciascun potenziale cliente, devi conoscere tutte quelle attività che è possibile svolgere nella tua città e procedere promuovendo convenzioni con la tua struttura.

Non è necessario chiedere particolari sconti o vantaggi, basta uno scambio reciproco di materiale informativo: tu devi dare i tuoi biglietti da visita, le brochure, i manifesti e le altre strutture devono fare altrettanto con te. È importante, poi, dopo aver trovato un locale che possa offrire ai tuoi ospiti la possibilità del servizio di mezza pensione e una volta realizzata la convenzione, pubblicizzarla inserendola sul tuo sito internet.

Questo potrà risultare un fattore per cui molte persone sceglieranno te piuttosto che un'altra struttura. Se sarai in grado di concordare con un ristorante un menù turistico per i tuoi ospiti a un prezzo fisso, potrai addirittura inserire sul tuo sito internet, nella pagina relativa al tariffario, i prezzi in formula BED AND BREAKFAST e i prezzi in formula mezza pensione. Se ad esempio la tua camera costa 70 euro al giorno e con il ristorante stabilisci che la cena costa 15 euro a persona, sul sito potrai scrivere che il costo della camera in formula bed and breakfast è di 70 euro al giorno, mentre in formula mezza pensione è di 100 euro al giorno. Mi raccomando, scrivi sempre che il servizio di mezza pensione è offerto da un ristorante, in quanto il bed and breakfast in sé non può garantire questo tipo di servizio.

SEGRETO n. 28: uno strumento che sarà molto utile allo sviluppo della tua attività è il servizio di convenzione, specie se si tratta di convenzioni con locali che offrono ai tuoi ospiti il servizio di mezza pensione. Questo potrà trasformarsi in un valore aggiunto della tua struttura.

Miglioramenti strutturali

I miglioramenti strutturali sono meno frequenti, in quanto per poterli realizzare dovrai aspettare il periodo di chiusura obbligatorio per i bed and breakfast. Cosa sono i miglioramenti strutturali? Si tratta di tutte quelle modifiche che intervengono direttamente sulla parte fisica della struttura. Si tratta di interventi come, ad esempio, la realizzazione o l'abbattimento di un tramezzo, il togliere o l'incollare la carta da parati, il tinteggiare una stanza e così via.

Come vedi si tratta di interventi piuttosto importanti e sicuramente costosi. Per questo ti dicevo che per intervenire con questo tipo di miglioramenti dovrai attendere il periodo di chiusura della attività. Vediamo ora quando è importante apportare questo tipo di modifiche. È chiaro che questi interventi si verificano con tempi molto più distaccati l'uno dall'altro. È però importante, non appena si verifica l'esigenza, intervenire e non rimandare mai. L'esigenza sta nel fatto che una parte della struttura risulta danneggiata o lesionata, sia ad opera delle persone che sono state ospitate, sia a causa del normale logorio.

Non trascurare mai questo tipo di situazioni: devi porvi rimedio non appena puoi. Come ho detto precedentemente, sono inglobati nelle modifiche strutturali anche gli interventi quali la realizzazione di tramezzi, l'abbattimento di muri e, più in generale, la modifica della pianta abitativa senza modificare la destinazione d'uso. Magari si tratta di un aspetto che non interessa a molti, ma per rendere davvero completo questo ebook devo parlarne. Forse non ti riguarda adesso, ma potrà interessarti tra qualche tempo. Secondo il Testo Unico per l'Edilizia, legge n. 380 del 2001, gli interventi vengono suddivisi in sei gruppi:

- interventi di manutenzione ordinaria;

- interventi di manutenzione straordinaria;

- interventi di restauro;

- interventi di ristrutturazione edilizia;

- interventi di nuova costruzione;

- interventi di ristrutturazione urbanistica.

In questo ebook ci occuperemo solo del primo aspetto, ovvero degli interventi di manutenzione ordinaria. Sempre secondo il Testo Unico per l'Edilizia, si tratta di «interventi edilizi che riguardano le opere di riparazione, rinnovamento e sostituzione delle finiture degli edifici e quelle necessarie a integrare o mantenere in efficienza gli impianti tecnologici esistenti.» Fanno parte di queste opere la tinteggiatura, l'intonacatura delle pareti, lo smantellamento dei pavimenti, le modifiche a impianti elettrici, dell'acqua e del gas, l'abbattimento di pareti non portanti e l'ampliamento dei vani porta. Per apportare questo tipo di interventi, devi prima di tutto comunicare presso un ufficio comunale, chiamato "Sportello Unico per l'Edilizia", la tua volontà di operare dei lavori, appunto, di ordinaria manutenzione. Questo sportello si occupa di ricevere le denunce di inizio attività, dette DIA, e di rilasciare il relativo permesso a iniziare i lavori, denominato "permesso di costruire".

Puoi anche rivolgerti a questo sportello per richiedere informazioni e la modulistica per tutto ciò che riguarda la competenza edilizia. La DIA va consegnata dal proprietario dell'immobile o da chi abbia titolo a presentare tale denuncia almeno trenta giorni prima dell'inizio dei lavori. Importante dire che la DIA va approvata e firmata da un tecnico iscritto regolarmente all'albo.

È ovvio che la DIA va presentata ogniqualvolta sei costretto a rivolgerti a un professionista che operi dei lavori importanti in casa tua. Qui non posso parlarti approfonditamente del Testo

Unico per l'Edilizia, rischierei di fornire troppe informazioni inutili e di difficile comprensione soprattutto per i non addetti ai lavori. Ricorda semplicemente che se decidi di apportare delle modifiche strutturali alla tua struttura devi prima di tutto rivolgerti allo Sportello Unico per l'Edilizia del tuo comune e presentare una denuncia di inizio attività firmata da un tecnico regolarmente iscritto all'albo.

SEGRETO n. 29: per intervenire sulla tua struttura con opere di manutenzione ordinaria ti occorre presentare la denuncia di inizio attività presso lo Sportello Unico per l'Edilizia. Non facendolo, daresti luogo a un "abuso edilizio".

RIEPILOGO DEL GIORNO 6:

- SEGRETO n. 25: per affrontare i miglioramenti da apportare alla tua attività è preferibile destinarvi ogni anno una parte del guadagno, piuttosto che lasciarla in stallo e ritrovarsi, dopo diversi anni, senza il denaro necessario a provvedere a situazioni di degrado cui sarebbe troppo costoso far fronte.

- SEGRETO n. 26: utilizza fin dai primi giorni della tua attività i questionari da far compilare ai tuoi clienti, così da renderti conto, anche grazie a un parere esterno, di cosa vada migliorato o potenziato all'interno della tua struttura.

- SEGRETO n. 27: un aspetto su cui è importante concentrarci è la gestione della prima colazione. Molte persone rinunciano ad avviare un bed and breakfast proprio perché non riescono a gestire in modo efficace il momento della prima colazione.

- SEGRETO n. 28: uno strumento che sarà molto utile allo sviluppo della tua attività è il servizio di convenzione, specie se si tratta di convenzioni con locali che offrono ai tuoi ospiti il servizio di mezza pensione. Questo potrà trasformarsi in un valore aggiunto della tua struttura.

- SEGRETO n. 29: per intervenire sulla tua struttura con opere di manutenzione ordinaria ti occorre presentare la denuncia di inizio attività presso lo Sportello Unico per l'Edilizia. Non facendolo, daresti luogo a un "abuso edilizio".

GIORNO 7:

Caso di studio personale

Questo ultimo capitolo tratta il mio personale caso di studio. Dirò di come, partendo da zero, sono riuscito in poco più di tre anni a creare un bed and breakfast di successo. Non sono certo io a dirlo, non mi ritengo così presuntuoso. Non stiamo parlando nemmeno di opinioni personali, sono i fatti a dimostrarlo: le continue richieste di collaborazione con hotel della zona, le costanti richieste di prenotazione da parte di clienti affezionati alla mia struttura, la richiesta, che mi è stata fatta da parte del *Gambero Rosso*, una delle più famose guide sulle strutture ricettive italiane, di inserire la mia struttura.

Tengo moltissimo a condividere con te quest'ultimo aspetto, perché si tratta di un'ulteriore conferma che le strategie applicate da me e riportate interamente su questo ebook funzionano. Fui contattato dallo staff del *Gambero Rosso* circa due mesi dopo aver iniziato la stesura dell'ebook. Mi telefonarono e mi proposero l'inserimento della mia attività in una loro guida riguardante esclusivamente le strutture ricettive consigliate per l'edizione 2010. Ti confesso che il mio stato d'animo era alle stelle, per me significava molto dopo tanti sacrifici. Però se da un lato rimasi sbalordito da quella telefonata, dall'altro non riuscivo a capire come mai avessero scelto proprio la mia struttura. Così fissai un appuntamento con una responsabile della guida presso il mio bed and breakfast un paio di giorni dopo la telefonata.

Durante l'incontro, la collaboratrice mi illustrò brevemente la guida, poi volle visitare la struttura e mi riempì di complimenti. Le chiesi, a questo punto, come mai avessero scelto proprio la mia struttura e se per caso avessero selezionato anche altri bed and breakfast della zona. La risposta fu sorprendente quanto inaspettata. Mi confidò che qualche mese prima una coppia di ospiti aveva prenotato una camera per due giorni presso il mio bed and breakfast.

Le chiesi di descrivermeli fisicamente e mi tornarono in mente: li ricordavo molto bene in quanto una mattina a colazione mi riempirono di domande sulla struttura nonché di complimenti.

Quelle due persone altro non erano che dei collaboratori della società incaricati di svolgere un'indagine di mercato sul posto. Mi spiegò che inizialmente fu redatta una prima selezione di bed and breakfast navigando sul sito internet di ogni struttura. Scelti cinque o sei bed and breakfast della zona, che ritenevano i più adatti a essere inseriti nella guida, prenotarono presso queste strutture una camera doppia, pernottando presso una struttura per due giorni, spostandosi poi in un'altra struttura per altri due giorni e così via.

Alla fine di questa indagine i collaboratori della guida dovevano indicare alla società la struttura o le strutture a parer loro migliori rispetto alle altre. Così, dopo una prima selezione operata in base al sito internet, e dopo la visita dei collaboratori del *Gambero Rosso*, fu scelta proprio la mia struttura. A Dicembre 2009 è stata pubblicata questa guida in cui compare, nella mia città, il mio bed and breakfast. Come vedi non sono certo io a giudicare che il mio bed and breakfast è un'attività di successo.

In questo capitolo ripercorro la storia della mia attività, dalle primi pianificazioni a oggi, con un'attenta analisi dei costi, per fare in modo che anche tu sia in grado di capire quali spese vanno affrontate necessariamente, quali possono aspettare e quali sono da evitare. Ho preferito inserire la parte dei costi in quest'ultimo capitolo perché, avendo tu letto a questo punto tutti i capitoli precedenti, ora hai già nella tua mente un elenco di fattori che sai essere importanti per la tua attività. Avendo assimilato tutti i capitoli e ora leggendo il mio caso di studio personale con l'analisi dei costi, sarai in grado di comprendere come minimizzare i costi e massimizzare i profitti.

Dividerò questo capitolo in tre parti e ciascuna sarà dedicata a un anno di attività. Ci sarà, quindi, un capitolo dedicato al primo anno, uno dedicato al secondo, e uno dedicato al terzo. Leggendo queste pagine, cerca di capire come sono cambiate le situazioni, quali miglioramenti sono stati apportati, come è stata organizzata la gestione dei clienti e come la gestione dei pagamenti. Iniziamo.

Il primo anno di attività

Nel mese di settembre del 2005, con la mia fidanzata, decidemmo di avviare un bed and breakfast. La paura era tanta, nessuno dei due era competente in materia, nessuno dei due sapeva come gestire i clienti, nessuno dei due sapeva da dove cominciare per avviare un bed and breakfast. Lei era molto più propensa di me ad avviare questa attività, io un po' meno, tanto è vero che cercai di frenare questo suo desiderio.

Dopo qualche mese cambiarono le circostanze, decidemmo di sposarci da lì a qualche anno, così l'idea del bed and breakfast cominciò a fare breccia nella mia mente. Iniziammo, un pomeriggio, a informarci presso diversi siti internet e trovammo le informazioni necessarie presso il sito dell'APT territoriale. Da questo sito scaricammo i moduli per presentare la domanda e venimmo a conoscenza delle caratteristiche che doveva presentare un bed and breakfast per essere considerato tale: dalla capacità delle camere al servizio di prima colazione.

Noi disponevamo solo di un appartamento e leggendo le caratteristiche dettate dalla normativa regionale, le modifiche da apportare erano davvero tante. L'appartamento in questione comprendeva tre camere da letto, due bagni, una cucina e una sala. Occorrevano molti soldi per sistemare quell'appartamento, la maggior parte dei quali necessari per predisporre la struttura a ospitare un bed and breakfast.

Dovemmo fare dei lavori di muratura, di tinteggiatura, e, inoltre, dovemmo sistemare l'impianto elettrico e idraulico affinché ci fosse concessa l'autorizzazione di inizio attività. Questi piccoli lavori, necessari a predisporre la struttura all'attività, ci costarono 3000 euro. Decidemmo allora di non sfruttare tutte le tre camere, ma di iniziare la nostra attività con due camere. I motivi furono sostanzialmente due: il primo luogo non volevo rischiare più di tanto in un'attività che non sapevo come gestire e, ancor più, della quale non potevo indovinare l'andamento futuro; in secondo luogo avevo scarsa disponibilità di fondi economici.

Così decidemmo di iniziare la nostra avventura con due camere matrimoniali e due bagni esterni alle camere in questione. Successivamente dovemmo provvedere all'arredo delle camere, quindi acquistammo, per ogni camera, un letto matrimoniale, un armadio, un tavolo, due sedie un cestino per i rifiuti, due comodini. Primo errore commesso: comperammo, senza pensarci, letti matrimoniali, provvisti di reti con doghe in legno matrimoniali e materasso matrimoniale. Questo semplice aspetto implicò, per la mia struttura, durante il primo anno, una importante perdita di denaro. Per il fatto che le mie due camere erano solo matrimoniali e non c'era la possibilità di separare i letti dovetti rifiutare prenotazioni per camere doppie. Per arredare ciascuna camera spendemmo all'incirca 1000 euro.

Inizialmente era nostra intenzione predisporre in ciascuna camera un impianto di aria condizionata, ma decidemmo di aspettare l'anno seguente. Sistemate le camere, dovemmo pensare alla sala per la prima colazione. Acquistammo un tavolo ovale e sei sedie, delle piccole tovaglie, e il materiale per la prima colazione, ovvero tazze, tazzine, bicchieri, piatti piani, posate.

Piccolo consiglio: non acquistare questi oggetti in rapporto alla massima capacità ricettiva della tua struttura, ma in numero maggiore. Questo perché capiterà sicuramente che si rompa qualche bicchiere, che si perdano delle posate e via dicendo. Ti conviene acquistare il materiale della prima colazione in numero doppio rispetto alla tua massima capacità ricettiva. Per cui, se disponi, come me, di tre camere matrimoniali e quindi puoi ospitare un massimo di sei persone quotidianamente, il materiale della prima colazione deve consistere in dodici tazze, dodici tazzine, dodici bicchieri, dodici cucchiaini per il caffè, dodici cucchiai per i cereali, se decidi di inserirli nella prima colazione, dodici coltelli. Costo complessivo 150-200 euro.

Per quanto riguarda la cucina, si presentava la necessità di acquistare credenze e ripiani per poter sistemare tutto il materiale della prima colazione. Non solo, ma anche per riporre tutti i cibi da somministrare, ossia cornetti, marmellate, cereali, fette biscottate, biscotti. La spesa per la cucina fu un altro costo elevato in quanto, oltre alle credenze, alle mensole e ai ripiani, dovemmo predisporre un lavandino a due vasche per poter lavare il materiale della prima colazione, nonché acquistare un frigorifero per il latte, l'acqua, i succhi di frutta e il burro, e una lavatrice per lavare la biancheria delle camere. Come ho detto, la spesa per la cucina fu abbastanza importante: spendemmo intorno ai 2500 euro.

Un altro aspetto molto delicato da gestire era quello relativo al tariffario della mia struttura: occorreva stabilire i prezzi. Inizialmente può sembrare un compito semplice, ma ti assicuro che è tutt'altro che semplice. I fattori a cui ho dovuto pensare sono stati davvero tanti. Ti consiglio di non essere precipitoso in questa scelta, e leggi con attenzione la parte dell'ebook dedicata a questo aspetto.

Le persone sono molto brave a fare confronti, sono io il primo a farne quando devo andare in vacanza. Quante volte abbiamo paragonato vari alberghi, magari sostenendo: «Certo, questo costa di più rispetto all'altro ma mi offre anche...», oppure: «Questo mi costa meno ma è più lontano dal centro rispetto all'altro.» Valutando superficialmente la scelta del tariffario, si rischia, con tutta probabilità, di incappare in due ordini di situazioni.

La prima: se il tuo tariffario offre prezzi troppo vantaggiosi rischi di ricevere sì tante prenotazioni, ma il tuo guadagno finale sarà basso e non sarai stimolato ad andare avanti nella tua attività di proprietario di bed and breakfast; il secondo rischio riguarda lo stabilire un tariffario troppo elevato rispetto a ciò che offri e, soprattutto, rispetto alla concorrenza. Il rischio in questione è quello di non lavorare, ovvero di non ricevere prenotazioni, o comunque di riceverne in numero molto inferiore rispetto alle reali possibilità di ricezione della tua struttura. Tornando un passo indietro: se la tua struttura ha prezzi troppo bassi, di molto inferiori rispetto ad altre strutture della zona rischi, anche in questo in caso, di ricevere scarse prenotazioni, e ti spiego il perché.

Ipotizza di cercare su internet un albergo in Sardegna per la settimana di ferragosto. Mentre navighi, noti il sito di un albergo a quattro stelle che offre pensione completa, piscine, massaggi, una bella camera con vista sul mare, spiaggia privata e via dicendo al costo di 150 euro a persona per l'intera settimana. Sinceramente non credo che prenoteresti immediatamente una camera presso tale struttura. Personalmente comincerei a pormi delle domande, ad esempio: «C'è un errore nel sito?» o, peggio ancora: «C'è qualcosa sotto, non può essere!»

Il caso dell'esempio è stato un po' forzato ma solo per farti comprendere meglio questo concetto. Se stabilisci dei prezzi troppo bassi, rischi che le persone che andranno a visitare il tuo sito internet non credano a ciò che vi è scritto. Quindi ti ripeto ulteriormente che il tariffario deve essere stabilito in maniera ponderata. E soprattutto ricorda che il prezzo praticato in alta stagione non può essere superiore del 100 per cento rispetto al prezzo praticato in bassa stagione. Cosa voglio dire? Se in bassa stagione decido che una camera matrimoniale costa 40 euro, in alta stagione la stessa camera matrimoniale non può costare più di 80 euro.

Stabilire il tariffario è un aspetto importante che non va sottovalutato. Ti spiego con un esempio il perché. Nel primo anno di attività decisi, per l'alta stagione, quindi per i mesi estivi, un costo a camera pari a 75 euro al giorno. Anche dopo aver studiato i tariffari delle altre strutture ricettive che offrivano grossomodo gli stessi servizi proposti da me per un prezzo che si aggirava, in media, sugli 85 euro al giorno, decisi di praticare prezzi inferiori. Questo perché pensai che, a parità di offerta, le persone avrebbero preferito la mia struttura che garantiva prezzi maggiormente vantaggiosi. Non fu proprio così.

Questo modo, apparentemente strano, di giudicare un oggetto o un servizio in funzione del prezzo, ce lo spiega molto efficacemente il dottor Robert Cialdini nel suo libro *Le armi della persuasione*. Cialdini afferma che quando una persona non è in grado di valutare realmente, e oggettivamente, la qualità di un bene o, nel nostro caso, di un servizio, si affida all'elemento "prezzo".

Cialdini porta un esempio personale nel suo libro. Scrive che un giorno ricevette la telefonata di una sua amica, titolare di un negozio di gioielleria. Questa sua amica gli raccontò un episodio molto strano, avvenuto qualche tempo prima, sperando di avere da Cialdini una spiegazione plausibile. Durante il periodo estivo acquistò una partita di pietre preziose ma, inaspettatamente, non riuscì a venderle. Il tempo passava e la stagione estiva stava per finire, così decise di adottare qualche escamotage per riuscire a vendere queste pietre. Le posizionò in maniera più visibile in vetrina, cercò di proporle assiduamente a chiunque entrasse nel locale, ma con scarsi risultati.

Un bel giorno la proprietaria andò in vacanza e dopo qualche giorno telefonò al negozio per sapere dalla commessa se queste pietre si stavano vendendo o meno. La risposta da parte della commessa fu, ovviamente, negativa. Così la proprietaria del negozio, come ultima spiaggia, decise di far scrivere un biglietto alla commessa da posizionare in più punti del negozio e soprattutto accanto all'esposizione delle pietre preziose. Il testo era il seguente: «Pietre preziose: da oggi il prezzo sarà 1/2.» La decisione fu senza dubbio presa per ricavare più denaro possibile dall'eventuale vendita delle pietre e ridurre la perdita.

Al ritorno dalla sua vacanza si meravigliò del fatto che tutte le pietre erano state finalmente vendute. Ma la cosa che più di tutte la lasciò a bocca aperta fu la lettura del biglietto che aveva dettato telefonicamente alla commessa. Invece di scrivere: «Pietre preziose: da oggi il prezzo sarà 1/2.», la commessa, forse comprendendo male, aveva scritto: «Pietre preziose: da oggi il prezzo sarà x 2.» Tutte le pietre preziose furono vendute a un prezzo raddoppiato.

La donna volle sapere dal suo amico Robert Cialdini il perché della strana situazione che si era verificata. Cialdini le spiegò che le persone, quando non sono in grado di giudicare realmente il valore di un bene/servizio, si affidano al paragone costoso=buono. Se un oggetto è costoso vuol dire che è sicuramente di buona qualità. Il secondo paragone cui si affidano molte persone è il seguente: se costoso=buono allora economico=non buono, di scarsa qualità. Spero che questo piccolo esempio ti sia stato utile a capire che stabilire prezzi troppo bassi rispetto al valore reale di un servizio che stai offrendo, non è la scelta migliore che si possa fare. Ti assicuro che, dopo aver letto queste parole sul libro di Cialdini, i miei prezzi sono aumentati notevolmente.

SEGRETO n. 30: le persone non in grado di giudicare oggettivamente il valore di un bene o di un servizio si affidano generalmente a due paragoni semplicissimi, ovvero costoso=buono ed economico=non buono.

Stabiliti tutti i prezzi delle camere in funzione delle stagioni, a questo punto si poneva il problema di pubblicizzare la mia struttura, darle un nome accattivante, creare un sito internet ad hoc. Le forme pubblicitarie erano tante e, allo stesso tempo, molto costose. Pensai alle brochure, ai volantini, ma scartai queste eventualità quasi subito. Innanzitutto perché colpivano poche persone, ma soprattutto perché si trattava di pubblicizzare la mia struttura nella mia città. Agli abitanti della mia città, a ben vedere, poco importava dell'esistenza di un bed and breakfast.

L'esigenza era quella di colpire il maggior numero possibile di persone al di fuori della mia città, persone che desideravano conoscere la mia zona proprio perché residenti in altri luoghi. Quindi optai subito per un sito internet. Contattai un professionista del settore per realizzarlo. Prima di incontrare questo esperto, passai diversi giorni su internet a visitare vari siti di strutture ricettive, non solo bed and breakfast, ma anche siti di agriturismi e hotel. Il fine principale era quello di valutare la navigabilità di ciascun sito, di comprendere quale fosse il sito internet più semplice da navigare e, allo stesso tempo, più completo, per poi modellarlo in favore del mio sito internet.

Dopo aver trovato quattro-cinque siti a parer mio molto efficaci al mio scopo, feci un prospetto su carta di come avrei voluto il mio sito internet, di cosa era importante inserire e dove posizionare i diversi link alle altre pagine del sito. Così realizzai circa dieci pagine su carta da poter presentare al realizzatore del mio sito. Non bastava di certo inserire le foto della struttura, le foto delle camere e il listino prezzi per avere un sito completo. Dall'analisi dei diversi siti presi in considerazione, compresi che era molto importante creare alcune pagine riguardanti i dintorni della città, una che illustrasse come raggiungere il bed and breakfast e una dei contatti contenente, possibilmente, un indirizzo email e un numero di telefono. Costo sostenuto per la creazione del sito: 350 euro.

Per quanto riguarda il nome della struttura, bisognava trovarne uno davvero accattivante, che catturasse l'attenzione e che rimanesse impresso nella memoria delle persone. Per trovarne uno adatto alla mia attività ho impiegato un bel po' di tempo perché non riuscivo a individuare un nome che fosse funzionale allo scopo.

Mi resi conto, in questa fase, che molte attività commerciali quali bar, ristoranti e alberghi utilizzano come nome della struttura il nome della città oppure della zona nella quale sono ubicate. Ad esempio: "Bar Napoli", "Pizzeria Vesuvio", "Hotel Colosseo" e così via. Optando per nomi di questo tipo è chiaro che si parte avvantaggiati, in quanto già il nome della struttura ci indica importanti informazioni circa l'ubicazione della struttura stessa.

In più, se si cerca su un qualsiasi motore di ricerca in internet, digitando la zona di nostro interesse, sarà più probabile che compaia una struttura che abbia per nome quello della zona richiesta.

In parole povere, immaginiamo che il nostro bed and breakfast si trovi al centro di Roma, nei pressi dei Fori Imperiali e che, per questo, decidiamo di chiamarlo "Ai Fori Imperiali". Se, navigando, inserisco su un qualsiasi motore di ricerca una frase come: "dormire a Roma zona Fori Romani Imperiali", il tuo bed and breakfast sarà sicuramente tra i primi a comparire nella ricerca. Quindi dare come nome della struttura il nome di una particolare zona della città, oppure di un punto attrattivo, significa partire davvero con una marcia in più rispetto ad altre strutture, almeno per quanto riguarda la visibilità.

Dopo aver pianificato tutti gli aspetti relativi all'avvio del bed and breakfast, notificammo all'APT territoriale che la struttura era ormai conforme alle loro richieste e pronta per essere visionata dai loro esperti per autorizzarci o meno all'apertura. Qualche giorno dopo la ricezione dell'autorizzazione all'avvio dell'attività ricettiva extralberghiera, iniziammo ufficialmente la nostra avventura. Era il mese di marzo 2006. I primi tempi furono davvero poco felici, le richieste di prenotazione erano molto poche, per non parlare delle persone che bloccavano telefonicamente una camera per poi non presentarsi. Cominciai a pensare di aver sbagliato tutto, di aver speso dei soldi inutilmente, che non valeva la pena proseguire. Comunque decisi di aspettare, di far passare almeno qualche mese prima di capire se si trattasse veramente di un fallimento oppure se le difficoltà che incontravo dipendevano dal fatto che comunque la mia struttura non era ancora conosciuta.

Le cose, per fortuna, migliorarono con il passare dei mesi, e solo con il periodo estivo riuscimmo a coprire tutte le spese affrontate per avviare il bed and breakfast. Se da un lato ero felice per come erano andate le cose, dall'altro mi rendevo conto che le modifiche da apportare per far funzionare la struttura nel modo in cui volevo erano davvero tante.

Il primo anno di attività per un bed and breakfast è davvero molto importante, fondamentale per capire i punti di forza e di debolezza della struttura. Personalmente ritengo che il primo anno di attività, almeno per quanto riguarda un bed and breakfast, sia un anno sperimentale, durante il quale occorre ricercare la forma migliore per gestire l'attività, per apportare le giuste modifiche, per trasformare i punti deboli in punti di forza. La vera attività comincia una volta capiti i limiti della struttura e apportate le giuste e possibili modifiche.

Ho impiegato più di due anni per cercare di capire cosa non andasse nel mio bed and breakfast e per migliorarlo. Il mio scopo, con questa guida, è proprio quello di aiutarti nell'affrontare tali difficoltà, di far sì che tu non incorra negli stessi errori commessi da me e che tu parta, già dai primi mesi, con una notevole marcia in più.

Il secondo anno di attività

Alla fine del primo anno di attività mi resi conto che erano troppe le cose che non funzionavano nel mio bed and breakfast, cose cui avrei dovuto subito porre rimedio se avessi voluto continuare con la mia attività. Mi riferisco alle prenotazioni telefoniche non andate a buon fine, ovvero alle persone che prenotavano ma poi non si presentavano come da accordi; all'accavallamento tra le partenze e gli arrivi; alla colazione che mi portava via troppo tempo. Ero molto combattuto, questo è sicuro.

Furono due i fattori che mi diedero la spinta a continuare e persistere nel proseguire la mia attività. Il primo: se decidevo di rinunciare, non sarei riuscito a mandare giù la tipica frase di amici e parenti: «Te l'avevo detto!», oppure: «Hai buttato via tutti questi soldi!» La paura di ascoltare questa frase fece breccia dentro di me e mi stimolò nel continuare la mia attività. Il secondo fattore fu il fatto che il mio focus si era ormai incentrato sulle parole "bed and breakfast"; cominciai a notare articoli sui quotidiani, sui settimanali, poi gruppi su Facebook; in sintesi mi resi conto che nelle persone si stava pian piano cominciando a ridimensionare l'idea generalizzata e non positiva del bed and breakfast.

Come ho scritto nei capitoli precedenti, ancora oggi molte persone pensano al bed and breakfast come a un qualcosa di negativo, una struttura ricettiva in cui non si sognerebbero mai di pernottare nemmeno per una notte. È vero, altresì, che ci sono molte persone che concepiscono la propria vacanza esclusivamente nei bed and breakfast e questo per i motivi più vari: dai costi bassi, al servizio familiare. Ma il gap, il divario tra queste due categorie di persone, è ancora troppo marcato.

Come ti dicevo, cominciai a notare articoli, opinioni, pareri a favore di questa forma di struttura ricettiva. Capii quindi che il pensiero comune stava, in un certo senso, allineandosi con ciò che è la realtà dei fatti. Per questo, per lungo tempo, si insinuò in me un pensiero che, anzi, un chiodo fisso che mi fece riflettere costantemente su l'ipotesi di abbandonare o meno la mia attività. Per un periodo fui combattuto, è vero. Ricordo con precisione che poi lessi un articolo comparso su internet, relativo a un circuito di bed and breakfast in cui era segnalata, ed è segnalata tuttora, la mia struttura.

L'articolo, molto interessante peraltro, riguardava, se non ricordo male, una famiglia siciliana che era intenzionata ad avviare un bed and breakfast ma che, purtroppo, non aveva denaro a sufficienza a disposizione. Così, queste persone, ebbero la brillante idea di creare un "B&B&B". Starai pensando a cosa voglia dire. Vuol dire semplicemente "Baratto-Bed-Breakfast". L'idea era semplice quanto geniale. Chiunque avesse voluto soggiornare presso tale struttura non doveva pagare in denaro il soggiorno, ma con oggetti di arredo.

Il cliente non doveva fare altro che telefonare al proprietario del bed and breakfast, richiedere la disponibilità per un dato numero di giorni e poi proporre al titolare un elemento d'arredo in suo possesso. I due si accordavano tra loro e poi, una volta raggiunto l'accordo, il cliente, al suo arrivo presso la struttura non doveva fare altro che consegnare al titolare l'oggetto pattuito. Un'idea fantastica secondo il mio punto di vista.

Tanto è vero che l'idea è stata fortemente presa in considerazione da un famoso circuito di bed and breakfast, che ogni anno promuove la cosiddetta "settimana del baratto". Ciascun bed and breakfast può aderire a questa affascinante proposta, ed è assolutamente obbligatorio, in quella settimana, non accettare compensi in denaro. Ecco in cosa consiste. Durante la settimana del baratto non è obbligatorio barattare l'ospitalità con elementi di arredo, si può anche barattare il soggiorno con una collezione di

DVD cinematografici, CD musicali o, magari, con delle confezioni di miele o marmellate preparate direttamente dai clienti.

Ma non solo, ed è questo l'aspetto che più mi colpisce: il soggiorno può anche non barattarsi con un bene, quanto, piuttosto, con un servizio. Esatto, con un servizio. Se sono un bravo giardiniere, posso barattare un weekend in un bed and breakfast aderente all'iniziativa con una mia prestazione. Magari potrò ripulire il giardino, curare le piante, effettuare degli innesti negli alberi, e così via. E questo può valere per un giardiniere, come per un idraulico, un pittore edile e così via. Qualcosa di assolutamente innovativo.

Lo scopo, in questo caso, è addirittura triplice. Prima di tutto questa soluzione favorisce la vera conoscenza del bed and breakfast; poi si tratta di un valido metodo per permettere anche alle famiglie meno abbienti di godersi una vacanza senza spendere cifre folli, offrendo oggetti che magari non servono più oppure prestando un servizio di cui si conoscono le tecniche; in terzo luogo, i titolari dei bed and breakfast aderenti riceveranno un valore aggiuntivo non indifferente. Magari quel servizio concessoci dal giardiniere ci sarebbe costato molto di più se ne avessimo chiesto la manodopera diretta. Ti posso garantire che i riscontri di questa forma di incentivo sono davvero positivi.

Un altro caso affascinante l'ho letto un paio di anni fa su un quotidiano. Due ragazzi residenti sull'isola di Ventotene, al largo delle coste laziali, svolgevano la professione di pescatori ed erano scontenti del loro tenore di vita. L'unica cosa che avevano a disposizione era un piccolo veliero. Qui nasce l'idea. Hanno fatto di quel veliero un BED AND BREAKFAST. Non un bed and breakfast, ma un *boat and breakfast*. Stessa concezione del bed and breakfast, solo che i clienti venivano ospitati in barca.

La sera dell'arrivo venivano prelevati dal molo del porto con un piccolo gommone e portati leggermente al largo, dove era ormeggiato il veliero. La mattina, poi, veniva loro servita la colazione a poppa del veliero, e, infine, venivano riportati sull'isola con il gommone oppure erano organizzati dei tour delle isole. Come vedi, per rendersi autonomi non servono miracoli.

SEGRETO n. 31: puoi ricorrere anche tu, nei primi tempi, alla formula B&B&B, per mezzo della quale puoi barattare soggiorni presso la tua struttura ricettiva con beni che ti possono interessare per l'arredamento dell'attività oppure con servizi utili a migliorarla.

Chiusa questa breve parentesi, possiamo affermare che il mio secondo anno da gestore di bed and breakfast coincise con lo stabilizzarsi della mia attività. Senza ombra di dubbio molti aspetti migliorarono, ma alcune cose dovevano ancora essere perfezionate per poter dire che la mia attività funzionava al 99 per cento. Dico 99 per cento perché capiterà sempre qualcosa che non va di tanto in tanto, magari un cliente non totalmente soddisfatto, un imprevisto che ti porterà a risolvere delle situazioni urgenti da gestire, ma sono le regole del gioco. Qualche anno fa mi sentivo preoccupato ogniqualvolta si verificano dei problemi, grandi o piccoli.

Oggi non mi preoccupo più tanto come prima. I problemi che si verificano sono, nella maggior parte dei casi, sempre gli stessi e dopo cinque anni di attività sono diventato abbastanza abile nel risolverli. Tornando a noi, iniziai questo secondo anno di attività con una serie di problematiche da affrontare, ed erano: prenotazioni telefoniche non andate a buon fine, ovvero le persone che prenotavano non si presentavano come da accordi; accavallamento tra le partenze e gli arrivi; la colazione che mi portava via troppo tempo.

Come risolvere al meglio queste situazioni negative? Per quanto riguarda le prenotazioni telefoniche non andate a buon fine capii che si verificavano perché da parte dei clienti non c'era una transazione di denaro verso il bed and breakfast a garanzia della prenotazione. Ecco cosa vuol dire: il cliente telefonava, chiedeva la disponibilità per un certo periodo, il costo e se le condizioni gli sembravano favorevoli decideva di bloccare la prenotazione, lasciandomi un nome e un numero di telefono. Stop. Non c'era una transazione in denaro, tipo bonifico o vaglia postale, per garantire da parte sua l'effettiva volontà di soggiornare presso la mia struttura.

Molte persone, devo dire, hanno tenuto fede all'accordo verbale, ma diverse altre no, con il risultato di avere, in piena estate, il bed and breakfast con qualche camera non occupata. Per risolvere questo problema ho deciso di aprire un conto corrente presso una banca. Ad ogni richiesta di prenotazione rispondevo al cliente che per bloccarla era necessario versare un anticipo di almeno il 20 per cento dell'importo totale, altrimenti la prenotazione non sarebbe stata accettata.

Si tratta dello stesso procedimento adottato da molti alberghi. Un acconto entro un certo tempo dalla richiesta, il saldo all'arrivo presso la struttura. Ci sono molti alberghi che, addirittura, richiedono come anticipo l'intero importo del soggiorno. Quindi, come fare per risolvere il problema delle prenotazioni non andate a buon fine?

A una richiesta di informazioni per un soggiorno, accordato il periodo e il costo complessivo, puoi rispondere che è necessario versare un acconto dell'x per cento a garanzia della prenotazione; poi chiedi al cliente di inviare una email presso il tuo indirizzo di posta elettronica con i suoi dati: nome, cognome, numero di telefono, periodo scelto e costo pattuito; infine conferma al cliente che entro massimo ventiquattr'ore riceverà una email di risposta nella quale saranno indicati l'indirizzo IBAN o i dati del vaglia postale per poter effettuare l'anticipo a garanzia della prenotazione. Ricorda che è importante scrivere nella causale il nome e cognome del cliente e il periodo di durata soggiorno, così ti sarà più facile ricondurre la transazione al cliente.

Un consiglio: rivolgiti a una banca che preveda, come servizio, la possibilità di visionare il proprio conto corrente online. In questo modo ti sarà più facile controllare i vari accrediti, in quanto le comunicazioni cartacee delle relative transazioni impiegano più di quindici giorni ad arrivare presso il tuo domicilio. Se proprio non puoi ovviare a quest'ultimo problema, chiedi al cliente di inviarti, a mezzo fax o per email, la copia della ricevuta dell'anticipo, versato tramite bonifico o vaglia, e di consegnarti l'originale al suo arrivo presso la tua struttura.

Questa soluzione sembra risolvere definitivamente il problema delle prenotazioni non andate a buon fine, ma non è proprio così. È vero, però, che questo tipo di soluzione risolve tale problema nel 90 per cento dei casi. Infatti anche adottando questa tecnica, spesso si sono verificate, nel secondo anno, situazioni spiacevoli in merito alle prenotazioni. Ad esempio se ricevi una telefonata di prenotazione il venerdì pomeriggio per il giorno seguente, per il cliente è abbastanza difficile provvedere a un eventuale acconto a garanzia della prenotazione.

L'unica soluzione possibile a questo punto è accettare la prenotazione senza alcuna garanzia. Le conseguenze possibili, come puoi immaginare, sono due: i clienti tengono fede al loro impegno oppure no. La soluzione a questo tipo di problema te la spiegherò più avanti, quando parlerò del terzo anno di attività.

Un altro problema che dovevo assolutamente risolvere erano gli accavallamenti tra le partenze e gli arrivi. È importante essere chiari fin da subito con i clienti, sia telefonicamente che a mezzo email. Nel momento in cui mi vengono richieste informazioni, spiego al cliente che la camera potrà essere disponibile dalle ore 12 del giorno di arrivo presso la struttura e che il giorno della partenza dovrà essere liberata al massimo entro le ore 10. Questo perché, così facendo, ho il tempo sufficiente per rifare la stanza per gli ospiti che dovranno arrivare il giorno stesso.

Gli orari di arrivo e partenza li comunico più volte al cliente, proprio per non incorrere in problemi. Se ricevo una prenotazione telefonica, lo comunico telefonicamente, poi lo scrivo nella email in cui fornisco al cliente i dati per il versamento dell'acconto, e infine lo indico nel regolamento interno affisso dietro ogni porta e nella sala colazione. Puoi scegliere tranquillamente gli orari in base alle tue esigenze, ma sappi che, in genere, le camere vanno liberate non prima delle 10 del giorno di partenza e consegnate non più tardi delle 15 del giorno di arrivo.

Uno dei problemi al quale è stato più arduo trovare una soluzione è quello della gestione della prima colazione. Gestire nel migliore dei modi la prima colazione è un aspetto che non va sottovalutato. Molte strutture di mia conoscenza, proprio perché non riescono a trovare una soluzione, preferiscono stringere un accordo con un bar della zona e dirigervi i clienti della struttura.

Non sono molto favorevole a questo tipo di scelta, anche perché in molte regioni è fatto divieto ai bed and breakfast di far consumare la prima colazione ai propri clienti in locali esterni alla struttura. Personalmente, quando sono in vacanza e devo fare colazione, in genere mi preparo alla meglio, scendo a fare colazione, poi torno in camera e mi vesto per bene. La maggior parte della gente si comporta in questo modo.

Optando per la scelta di far fare colazione ai clienti in un bar vicino, essi sono costretti a svegliarsi prima e, magari, non possono nemmeno tornare in camera per lavarsi i denti. Quindi, se ti è possibile, evita questa scelta. Bisogna trovare invece un modo per gestire in maniera intelligente la somministrazione della prima colazione all'interno della struttura ricettiva. Ricorda che il servizio di prima colazione deve essere garantito almeno fino a mezz'ora prima dell'orario in cui occorre liberare la stanza. Ricorda, inoltre, che tutti i cibi e le bevande devono essere rigorosamente monodose, tranne che nelle regioni che ti ho elencato nei capitoli precedenti, nelle quali è possibile offrire al cliente torte fatte in casa e prodotti tipici locali come marmellate, miele e così via.

Per quanto mi riguarda, e come accennavo in precedenza, per motivi di tempo e organizzativi, gestisco la prima colazione preparando la sala la sera prima. Ho acquistato tre tavolini da 80 cm x 80 cm, e ogni tavolino è destinato a una camera. Su un mobile preparo biscotti, fette biscottate, marmellate, cereali a buffet, e nel frigo conservo il latte e i succhi di frutta. Poi è a disposizione degli ospiti una macchina del caffè funzionante a capsule.

Ho deciso di gestire la colazione in questo modo perché, come ti ho già detto, la mattina, per motivi di lavoro e di studio, non ho il tempo da dedicarvi. Se, viceversa, alla mattina hai tempo di preparare la colazione, nessuno ti vieta di fare diversamente. Ho proposto questo tipo di gestione della prima colazione ad alcuni amici/colleghi e, dopo lo scetticismo iniziale e qualche insistenza da parte mia, mi hanno confermato che in questo modo si risparmia notevolmente tempo.

Un'ulteriore modifica che apportai nel secondo anno di attività fu l'obbligo da parte della struttura, nei mesi primaverili ed estivi, di accettare solo prenotazioni per minimo due giorni. Questo perché durante l'anno precedente avevo notato che erano molte le persone che avevano soggiornato presso la mia struttura per periodi prolungati, ma anche che diverse altre avevano pernottato solo per una notte. E io abitualmente accettavo tranquillamente qualsiasi tipo di prenotazione. A fine stagione mi resi conto che adottando un metodo diverso avrei potuto guadagnare molto più. E così feci dal secondo anno in poi. Nei mesi primaverili, dal venerdì alla domenica, il regolamento della mia attività prevede che si accettino pernottamenti per minimo due giorni. Nei mesi estivi, invece, l'obbligo dei due giorni è esteso a tutta la settimana.

SEGRETO n. 32: puoi decidere anche tu di impostare, nei periodi di maggiore affluenza, un limite minimo di pernottamenti. Così facendo incrementerai notevolmente le entrate di cassa.

Il terzo anno di attività

Dopo tre anni di attività ero ormai davvero orgoglioso della mio bed and breakfast. Non solo perché ero riuscito ad avviare una attività che mi piaceva moltissimo, ma perché ormai questa attività mi permetteva di essere economicamente più autonomo. La maggior parte dei problemi li avevo ormai risolti, l'unica pecca riguardava il verificarsi, di tanto in tanto, di qualche prenotazione non andata a buon fine. Capitava esclusivamente nei casi di prenotazioni a breve termine, ovvero quando la distanza temporale tra la richiesta e l'eventuale arrivo era al massimo di un giorno. Questo implicava il fatto che le persone non potevano effettuare un anticipo sulla prenotazione in così breve tempo, magari di venerdì pomeriggio, quando le banche sono ormai chiuse.

In questi casi, dunque, risulta impossibile chiedere un anticipo a garanzia della prenotazione, cosicché può capitare che una prenotazione non si concluda nel migliore dei modi. La soluzione ottimale a questo tipo di problemi è PayPal. Cos'è PayPal? Si tratta, in breve, di un sistema che ti permette di effettuare dei pagamenti online inserendo il codice di una carta di credito, ma anche di una prepagata come PostePay.

Registrarsi a PayPal è semplicissimo, basta compilare un form su internet e collegare alla tua persona una carta di credito o prepagata. Poi devi far inserire da un programmatore web sul tuo sito internet una pagina collegata alla tua pagina PayPal. Fermo restando che puoi usare PayPal anche negli altri casi, quando riceverai una richiesta di prenotazione a breve termine, per la quale il cliente non può provvedere a effettuare un bonifico o un vaglia postale, puoi tranquillamente informarlo che può accedere al tuo sito internet e cliccare sul link di PayPal.

Da questo link verrà reindirizzato alla tua pagina privata di PayPal e non dovrà far altro che inserire l'importo che tu gli indicherai provvedendo così, attraverso la sua carta di credito, a versare l'acconto. Il vantaggio di PayPal è che tu potrai sempre controllare i vari spostamenti di denaro e, inoltre, effettuare giroconti sul tuo conto corrente bancario.

Ciò che di strabiliante si verificò dal terzo anno di attività fu un incremento significativo delle prenotazioni. Negli anni precedenti avevo il bed and breakfast costantemente occupato nei mesi di luglio e agosto e sempre un po' meno man mano che si allontanava il periodo estivo. Le richieste settimanali o quindicinali si concentravano sempre in quei periodi e raramente nella restante parte dell'anno, durante la quale si verificavano pernottamenti da un giorno fino a un massimo di quattro giorni da parte di ciascun ospite.

Questo è un segreto di cui sono molto geloso, infatti ero indeciso se inserirlo nell'ebook. Alla fine l'ho fatto, ed eccolo qui. A qualche chilometro dalla mia struttura sorge uno stabilimento balneare che, oggettivamente, è il più bello, il più rinomato, il più conosciuto di tutta la provincia, frequentatissimo dai VIP nazionali. Il proprietario di questo stabilimento, che stimo tantissimo, è un amico di famiglia, una persona molto carismatica.

All'età di ventisette anni ha avviato un campeggio che in dieci anni è diventato il più frequentato dai turisti. Qualche anno fa ha deciso poi di aprire uno stabilimento balneare che gestisce con successo. Così, quando ho avviato il bed and breakfast, ho pensato bene di parlargli e di chiedergli di farmi pubblicità presso il suo stabilimento. In tutta franchezza, la risposta non fu quella che mi aspettavo. Mi congedò freddamente sostenendo che non poteva mandare i suoi ospiti in un misero bed and breakfast. Io gli chiesi di venire almeno a dare un'occhiata, ma lui si rifiutò. Da allora anche i miei rapporti con lui si raffreddarono.

Dopo un paio di anni venni a sapere che aveva costruito un albergo a qualche chilometro di distanza dal suo stabilimento balneare. L'estate scorsa, a luglio, squillò il telefono del bed and breakfast e sul display comparve il suo nome. Risposi come faccio di solito, e all'altro capo del telefono una voce disse: «Salve, sono Tizio, proprietario dell'hotel Caio, purtroppo la mia struttura è al completo e ho dei clienti che non posso proprio permettermi di non ospitare, almeno in zona. Ho chiamato lei perché da quello che si dice in giro il suo bed and breakfast è molto conosciuto, ben fatto, con dei servizi simili ai nostri e pensavo di deviare questi miei ospiti da lei.»

Sinceramente pensavo a uno scherzo, ma quando riconobbe la mia voce pensava di avere sbagliato numero. Dopo qualche secondo ho capito che lui stava effettivamente cercando una sistemazione per i suoi ospiti, ma non aveva compreso che il bed and breakfast che aveva contattato era lo stesso che, qualche anno prima, aveva criticato senza averlo mai visto. Prendemmo accordi e ospitai questa coppia.

Il giorno seguente mi richiamò ringraziandomi di averlo aiutato e mi disse che gli ospiti erano rimasti più che soddisfatti della sistemazione. Mi disse che dovevamo assolutamente incontrarci per parlare. Durante l'incontro è nata questa collaborazione, ma ciò che più importa è che mi fornì una strategia importantissima che segnò profondamente il futuro della mia attività in termini di flusso di clienti.

Cerca di seguire il ragionamento: mi rendo conto che è un po' complicato ma se riesci a capirlo e a metterlo in pratica può veramente far decollare il tuo bed and breakfast. Quel giorno parlammo per quasi cinque ore. Si fece scrivere su un foglio i prezzi della mia struttura nei diversi mesi dell'anno. E così feci. Piccola parentesi, la mia struttura, come hai letto, si trova in una località di mare, di conseguenza i prezzi aumentano con l'avvicinarsi all'estate. Gli presentai così questo piccolo prospetto:

MESE	PREZZO CAMERA DOPPIA MATRIMONIALE AL GIORNO
Gennaio, Febbraio e Marzo	€ 70
Aprile, Maggio e Giugno	€ 80
Luglio	€ 90
Agosto	€ 95
Settembre	€ 80
Ottobre, Novembre e Dicembre	€ 70

Visto questo prospetto, lo studiò per un po' e poi mi chiese quali fossero i miei flussi di clienti. Gli risposi che per i mesi di luglio e agosto ero quasi sempre al completo, in primavera e in inverno lavoravo nei week end tranne che in qualche caso. Lui, allora,mi consigliò di affiancare a quel prospetto un'ulteriore colonna, con i prezzi settimanali. Non capivo cosa volesse dire, replicai che bastava fare il conto del prezzo moltiplicato per sette. Non era questo ciò che voleva intendere e mi presentò quel prospetto con la nuova colonna:

MESE	PREZZO CAMERA AL GIORNO	PREZZO CAMERA A SETTIMANA
Gen, Feb, Mar	€ 70	€ 280
Apr, Mag, Giu	€ 80	€ 320
Lug	€ 90	€ 540
Ago	€ 95	€ 570
Sett	€ 80	€ 320
Ott, Nov, Dic	€ 70	€ 280

Lo so che sembra strano, ma il ragionamento è molto semplice. Dissi che secondo me era impazzito: il prezzo, nei mesi invernali, era troppo basso! Lui mi rispose con una considerazione: visto che l'inverno lavoravo solo il week end, quindi solo il venerdì e il sabato, con questo sistema è come avessi avuto sei camere che lavorano i weekend. Ecco il conto in breve: a gennaio tre camere il weekend ammontano a 420 euro. Con questa soluzione, lavorando con tre camere per una settimana il ricavo è di 840 euro, esattamente il doppio di prima. È vero che le camere sono occupate per un'intera settimana, ma il guadagno è senza dubbio notevole. Se fai due conti, il costo della camera per una settimana è pari a 280 euro. Se dividi per sette giorni, il costo della camera è di 40 euro al giorno, esattamente 20 euro a persona, un prezzo davvero conveniente per il cliente.

Compreso questo concetto e dopo essermi convinto ad attuare questa nuova politica, anche se ancora un po' titubante, misi subito online le modifiche. Inoltre, durante l'estate e soprattutto nei mesi di alta stagione, per massimizzare le entrate e per offrire comunque uno sconto alle persone che pernottavano più giorni, creai una promozione denominata "Dormi 7 e Paghi 6", per cui su sette notti di pernottamento una era omaggio.

Il risultato? Si può affermare che mentre durante i primi anni il bed and breakfast in inverno andava, per così dire, "in letargo" perché a ottobre si chiudeva e si riapriva a marzo, tranne in qualche raro caso, oggi il mio bed and breakfast lavora tutto l'anno. Questo meccanismo, se ci pensi, è molto simile a ciò che si verifica nei grandi alberghi, resort o villaggi situati nei Paesi meno sviluppati del nostro: uno per tutti l'Egitto.

Tu spendi magari 1000 euro a persona per trascorrere una settimana in un villaggio a Sharm el Sheikh, e ti può capitare, con molta probabilità, specie se si tratta di un periodo di medio-bassa stagione, che un responsabile del villaggio ti offra un'ulteriore settimana di vacanza a 50 o, al massimo, 100 euro. Se accetti, provvederanno loro stessi a modificare la prenotazione del volo, a sistemarti in una stanza, magari anche categoricamente migliore di quella che occupavi precedentemente. Ti garantisco che sono cose che succedono. Perché questo tipo di offerte? È vero che in questi luoghi il costo della vita è molto inferiore rispetto al nostro, ma per il resto il concetto è molto simile alla strategia spiegata precedentemente.

Se un giorno presso la tua struttura in un periodo di bassa stagione costa 35 euro a persona, offrendo una settimana al prezzo di quattro giorni, ossia 140 euro conviene sia a te che al cliente. A te perché comunque hai un'entrata importante e i costi che dovrai affrontare non sono elevati. Il cliente invece usufruirà ben volentieri della promozione perché in questo modo il soggiorno giornaliero gli verrà a costare 20 euro.

Questa tecnica, a ben vedere, è utilizzabile esclusivamente dai bed and breakfast. Gli alberghi, se utilizzassero una tecnica del genere, incorrerebbero in serie difficoltà economiche, in quanto ciascun albergo ha del personale dipendente, dei costi di gestione molto più elevati rispetto al bed and breakfast, e degli importanti costi fissi. Per questo motivo, la strategia spiegata si adatta perfettamente a qualsiasi bed and breakfast la si voglia applicare.

SEGRETO n. 33: utilizza un sistema di prezzi calcolato anche settimanalmente, e crealo in modo da offrire ai clienti dei prezzi molto vantaggiosi per periodi prolungati, soprattutto durante la bassa stagione.

RIEPILOGO DEL GIORNO 7:

- SEGRETO n. 30: le persone non in grado di giudicare oggettivamente il valore di un bene o di un servizio si affidano generalmente a due paragoni semplicissimi, ovvero costoso=buono ed economico=non buono.

- SEGRETO n. 31: puoi ricorrere anche tu, nei primi tempi, alla formula B&B&B, per mezzo della quale puoi barattare soggiorni presso la tua struttura ricettiva con beni che ti possono interessare per l'arredamento dell'attività oppure con servizi utili a migliorarla.

- SEGRETO n. 32: puoi decidere anche tu di impostare nei periodi di maggiore affluenza, un limite minimo di pernottamenti. Così facendo incrementerai notevolmente le entrate di cassa.

- SEGRETO n. 33: utilizza un sistema di prezzi calcolato anche settimanalmente, e crealo in modo da offrire ai clienti dei prezzi molto vantaggiosi per periodi prolungati, soprattutto durante la bassa stagione.

Conclusione

Siamo giunti alla fine del nostro percorso. Vorrei però che il termine di questo ebook coincida, per te, con l'inizio del tuo impegno ad avviare questa importante forma di attività. Nell'ebook abbiamo parlato del perché o, meglio, dei perché il bed and breakfast stia diventando, con il passare degli anni, la struttura ricettiva più utilizzata dai turisti e del perché è una forma di esercizio su cui puntare.

Abbiamo parlato ampiamente di come pianificare la tua attività, di quale prodotto offrire e di quali servizi sono importanti da integrare. Abbiamo poi parlato di come realizzare l'attività, di come è più funzionale arredare le camere, del perché è fondamentale conoscere le strutture concorrenti nella tua area di interesse. Poi ci siamo dedicati alla gestione del bed and breakfast, di come ricevere le prenotazioni, gli anticipi a garanzia, di come organizzare i pagamenti. Siamo poi passati a parlare della promozione della tua attività, di quale forma pubblicitaria scegliere, di come deve essere organizzato un buon sito internet. C'era poi un capitolo dedicato ai miglioramenti, al perché è vitale destinare, ogni anno, una percentuale del guadagno all'apportare miglioramenti all'attività. Nell'ultimo capitolo abbiamo parlato di come, in poco più di tre anni, grazie a ciò che hai letto nei capitoli precedenti, sono riuscito a realizzare un'attività ricettiva che funziona, che non richiede la mia presenza fisica per troppo tempo, al massimo tre ore al giorno. Un'attività che sta permettendo a me e alla mia fidanzata di sposarci perché ci ha resi più liberi economicamente.

Concludo offrendoti un mio pensiero. Oggi vedo tante persone che aspettano, che sono continuamente in attesa. Sono in attesa di un posto di lavoro, sono in attesa che cambi il Governo così forse miglioreranno le cose, sono in attesa che qualcuno li aiuti. Se c'è una cosa che ho capito è proprio quella che aspettando non si risolve nulla. Ciò che invito a fare è attivarsi, fare qualsiasi cosa sia buona per migliorare la propria condizione. E a parer mio abituarsi a essere imprenditori di se stessi grazie a un bed and breakfast è un buon modo per iniziare.

APPENDICE

Listino prezzi

	Prezzo per due persone in camera doppia o matrimoniale		Prezzo per una persona in camera doppia o singola	
	Prezzo camera al giorno	Prezzo camera a settimana	Prezzo camera al giorno	Prezzo camera a settimana
Gennaio Febbraio Marzo				
Aprile Maggio Giugno				
Luglio				
Agosto				
Settembre				
Ottobre Novembre Dicembre				

Marzo 2010

	1 LUN	2 MAR	3 MER	4 GIO	5 VEN	6 SAB	7 DOM
Camera 1							
Camera 2							
Camera 3							
	8 LUN	9 MAR	10 MER	11 GIO	12 VEN	13 SAB	14 DOM
Camera 1							
Camera 2							
Camera 3							
	15 LUN	16 MAR	17 MER	18 GIO	19 VEN	20 SAB	21 DOM
Camera 1							
Camera 2							
Camera 3							
	22 LUN	23 MAR	24 MER	25 GIO	26 VEN	27 SAB	28 DOM
Camera 1							
Camera 2							
Camera 3							
	29 LUN	30 MAR	31 MER	1 GIO Aprile	2 VEN	3 SAB	4 DOM
Camera 1							
Camera 2							
Camera 3							

	Dal giorno	Al giorno	Totale €	Acconto €	Da saldare €
Sig.					
Sig.					
Sig.					
Sig.					
Sig.					
Sig.					
Sig.					

Risposta alle richieste generiche di informazioni

Gentilissimo Sig. Rossi,
Le confermiamo la disponibilità di una camera matrimoniale dal giorno…………al giorno……………(numero notti).
Ecco di seguito la nostra migliore proposta:

Prezzo a persona al giorno: €…………
Prezzo della camera al giorno: €…………
Prezzo complessivo intero soggiorno: €…………

Il prezzo è comprensivo della prima colazione.

Se desidera ricevere ulteriori informazioni o er effettuare una prenotazione può rispondere a questa mail oppure contattarci telefonicamente.
In attesa di una Sua gentile risposta, Le porgiamo i nostri più cordiali saluti.

Bookings / tuo nome

BED AND BREAKFAST tuo nome struttura

Via……………
Cap……………… – città (Italy)
Tel. +39 …/.. .. …
Web ……………
E-mail……………

Risposta alle richieste di prenotazione

Gentilissimo Sig. Rossi,
Le confermiamo la prenotazione di una camera matrimoniale dal giorno………al giorno………. (numero notti).

Le confermiamo inoltre il costo complessivo pattuito, di €………

A garanzia della prenotazione Le chiediamo di effettuare gentilmente un anticipo del…..% dell'intero importo sul conto corrente che è di seguito riportato.

Conto Corrente intestato a ………….

Codice IBAN:
… . ….. ….. …………
Presso la banca…………….
Filiale di…………………..
Causale: anticipo soggiorno Rossi Mario dal giorno ……al giorno………..

Oppure può inviarci l'anticipo a mezzo vaglia postale, al seguente indirizzo:

cognome   nome
via……………….
cap   città   provincia

Può inviare un fax della copia del bonifico o del vaglia al numero………..
oppure presso questo indirizzo di posta elettronica facendo una scansione della ricevuta.La Sua prenotazione sarà confermata non appena ci sarà pervenuta copia dell'avvenuto acconto.

Per ovvi motivi gestionali, Le chiediamo gentilmente di provvedere quanto prima.
La Sua prenotazione verrà annullata se entro le ore 16 del giorno………non ci sarà pervenuta tale copia.

In attesa di una Sua gentile risposta, Le porgiamo i nostri più cordiali saluti.

Bookings / tuo nome

BED AND BREAKFAST *tuo nome struttura*

Via……………
Cap……… - città (Italy)
Tel. +39 …/.. .. …
Fax……………
Web……………
E-mail……………

Risposta successiva all'invio dell'anticipo a garanzia della prenotazione

Gentilissimo Sig. Rossi,
La ringraziamo per aver provveduto così rapidamente ad effettuare l'anticipo sulla prenotazione e per averci inviato la ricevuta dell'avvenuto pagamento.

Le confermiamo ulteriormente i dati della sua prenotazione:

Camera matrimoniale;
Numero persone 2;
Arrivo il giorno ....;
Partenza il giorno.........;
Numero notti complessive..........;

Le comunichiamo inoltre che la Sua camera sarà disponibile dalle ore........... del giorno del Suo arrivo, e deve essere obbligatoriamente essere liberata entro le ore.......... del giorni di partenza.

Nell'attesa del Suo arrivo presso la nostra struttura, restiamo a Sua completa disposizione richiesta o informazione.

Ringraziandola ulteriormente, Le porgiamo i nostri più cordiali saluti.

295

Bookings / tuo nome

BED AND BREAKFAST *tuo nome struttura*

Via…………
Cap…………– città (Italy)
Tel. +39 …/…..…
Web……………
E-mail…………

Risposta successiva a una nostra comunicazione di informazione in cui il cliente ci ringrazia ma non potrà essere nostro ospite

Gentilissimo Sig. Rossi,
La ringraziamo comunque per la Sua richiesta, sperando di averLa nostro gradito ospite in altra occasione.

Le porgiamo i nostri più cordiali saluti.

Bookings / tuo nome

BED AND BREAKFAST *tuo nome struttura*

Via..............
Cap............ – città (Italy)
Tel. +39 .../.. .. ...
Fax....................
Web..................
E-mail..................

Risposta da inviare al cliente nel caso in cui la nostra struttura non abbia disponibilità per il periodo richiesto

Gentilissimo Sig. Rossi,
siamo desolati di informarLa che la nostra struttura non ha più disponibilità per il periodo da Lei richiesto.
Sperando di averLa nostro gradito ospite in altra occasione, Le porgiamo i nostri più cordiali saluti.

Bookings / tuo nome

BED AND BREAKFAST *tuo nome struttura*

Via.............
Cap........... – città (Italy)
Tel. +39 .../.. .. ...
Fax..................
Web..................
E-mail...............